La collection
ROMANICHELS
est dirigée par
André Vanasse

Le ventre en tête

La publication de cet ouvrage a été rendue possible grâce à l'aide
financière du ministère des Communications du Canada,
du Conseil des Arts du Canada et du ministère de
la Culture et des Communications du Québec.

XYZ éditeur
1781, rue Saint-Hubert
Montréal (Québec)
H2L 3Z1
Téléphone : 514.525.21.70
Télécopieur : 514.525.75.37

et

Marie Auger

Dépôt légal : 2e trimestre 1996
Bibliothèque nationale du Canada
Bibliothèque nationale du Québec
ISBN 2-89261-168-7

Distribution en librairie :
Dimédia inc.
539, boulevard Lebeau
Ville Saint-Laurent (Québec)
H4N 1S2
Téléphone : 514.336.39.41
Télécopieur : 514.331.39.16

Conception typographique et montage : Édiscript enr.
Maquette de la couverture : Zirval Design
Illustration de la couverture : Edvard Munch, La Madone,
huile sur toile, 91 x 71,5 cm, 1894-1895
Photographies intérieures : Edvard Munch,
lithographie colorée à la main — La Madone, 1895-1902 —
liée à la toile de la page couverture

Marie Auger

Le ventre en tête

roman

XYZ éditeur
Romanichels

*Pour Martine
en mémoire de notre amitié.*

La vie sexuelle a été donnée à l'homme pour le détourner peut-être de sa vraie voie. C'est son opium. En elle tout s'endort. Hors d'elle les choses reprennent leur vie. En même temps, la chasteté éteint l'espèce, ce qui est peut-être la vérité.

ALBERT CAMUS

Être
(avoir une réalité)

1

J'aurais voulu être mère à douze ans. Ou mieux encore, à sept. J'aurais voulu devenir mère avant qu'il ne soit trop tard, bien avant que mes boules aient des dents, que mon pubis ait du poil et que les étalons s'étalent sur mon corps. Quoi faire maintenant ? Je suis sans matériau, sans maternité. Je suis femme mais je ne suis pas mère.

Je frotte mon ventre comme une lampe merveilleuse pour en faire sortir un petit génie comme par magie. Mais rien.

Je veux un enfant.

Je veux un enfant sinon c'est les raisins de la colère. Je veux un enfant parce que sinon. Je suis entêtée mais ce n'est pas assez. Je voudrais être entêtée quand ça veut dire avoir une tête à l'intérieur. Je veux un enfant. Je veux un enfant au risque de me répéter, au risque qu'il soit délinquant ou dans l'armée. Je veux un enfant et c'est tout. Je veux que le sang palpite en moi dans un corps que je crée. C'est le centre de ma vie, le cœur de mon enfant. Il faut vraiment, je vous jure, que la vie croisse en moi comme une lune dans ma nuit étoilée de petits viols étincelants.

2

Je m'appelle Marie Auger et je suis grosse comme un autobus. Auger c'est moi et je n'ai pas peur, je fais de l'autobiographie cent milles à l'heure. Mais la vitesse, est-ce la vie ? Moi je n'ai pas peur de rouler parce que je suis sans passager. Mourir ne m'effraie pas. Je suis prête. Je suis pleine d'essence, prête à flamber. Je n'ai rien à perdre mais si j'avais un bébé ça changerait tout. Sans roue de secours, je ne tourne pas rond. Mon bébé, c'est la cinquième roue du carrosse et ça serait plus sécuritaire. Si j'avais un bébé à bord, je conduirais prudemment. Mais je suis dangereuse. Je roule sur la ligne double et je n'en mène pas large. Une vraie folle. Je double dans les courbes et j'en passe. Une capotée, je vous dis. Je suis un danger public. Je me conduis mal, je suis amorale. Tout ce qui est code : connais pas. Code d'éthique, code de la route, code pénal, j'en ai aucun. Quand j'entre quelque part, je casse tout. Je défonce les façades, je fracasse les vitrines. Quand je passe, ça y va par là. Quand je dépasse, ça déplace de l'air.

Je suis grosse comme un autobus. J'ai quarante-sept places assises, quarante-sept places vides, quarante-sept places libres comme l'air. Je suis un autobus décapotable plein de têtes enflées gonflées à l'hélium. Je suis vide. Vide vide. Ma traction arrière ne connaît rien de l'attraction terrestre. Je touche à peine l'asphalte. Le devant écrasé contre le mur du garage, je fais du sur-place. Le moteur en moi révolutionne à fond et je camoufle mes cris dans le crissement des pneus. Je vire folle.

Je suis grosse. Ce n'est pas possible d'être grosse comme ça. Je serais enceinte et ça ne se verrait même pas. Je suis grosse comme un gros ballon plein d'air qui flotte comme un flotteur dans une toilette et il faut que je flush, que je tire la chasse, que je me vide, que je me liquide, que je me draine au Drano. Si ça continue, je vais être plus grosse qu'une flotte d'autobus au complet. Si ça continue, je vais être dix autobus à moi toute seule. Dix fois quarante-sept : quatre cent soixante-dix places vides comme autant d'ovulations inutiles.
Une grosse vie de voyages blancs.

3

Blanc. Quand je passe, après, c'est blanc.
Je suis une femme de ménage. Mon uniforme est blanc et je le remplis comme un œuf. Les vêtements pâles, c'est bien connu, ça grossit. Ma peau aussi est

blanche, blanche comme un drap et c'est précisément le format de mon uniforme.

Je suis grosse.

J'ai des bourrelets comme un dix roues et ils sont tous reliés entre eux par des tissus mal essorés mais tordus. Je suis traversée d'essieux qui baignent dans l'huile. Je porte pour rien sur des ressorts à lame flambant neufs, je suis vide. Je suis pourtant capable d'en prendre. Je veux des enfants à charge, mais j'ai l'arrière-train pour rien.

Je suis une femme de ménage tellement ronde que mon passage dans une petite salle de bains sale, ça fait le même effet qu'un cure-pipes dans un tuyau encrassé. Ça ramone, comme. J'en brosse un coup quand je passe. J'aime ça quand c'est propre, quand c'est blanc. La pureté bien savonnée du péché pardonné. Je décape les toilettes à l'acide chlorhydrique et je dégrise les serviettes à l'eau de javel pure. Et pour finir, je désinfecte les joints de céramique avec du peroxyde d'hydrogène que je confonds toujours avec l'alcool isopropylique. J'en brasse des affaires avec mes gants dans une salle de bains. Je suis une femme de ménage occupée, mais je voudrais être occupée quand ça veut dire il y a quelqu'un.

Je suis la femme de ménage d'un petit hôtel au bord de la faillite. C'est fréquenté comme une maison d'été durant l'hiver. Personne ne vient jamais. C'est l'hiver à l'année pour moi. Je vis en hiver, sauf que c'est de la poussière qui tombe.

Je passe l'aspirateur tous les jours. Lui, il en déplace pour vrai de l'air. Ce n'est pas du vrai ménage que je fais parce que les chambres sont toujours libres. Je fais prendre des marches à mon aspirateur en marche même si ce n'est pas sale. Je balade l'aspirateur uniquement pour le bruit qu'il fait. L'aspirateur, c'est ce que je préfère. Ça met de la vie. L'aspirateur, c'est le poumon de l'hôtel et moi je suis le cœur. Deux gros seins et deux grosses fesses comme quatre beaux ventricules.

C'est moi qui mets de la vie.

4

Mon patron, c'est Robert, et Robert est anglophone. Moi, je ne suis pas Française, disons plutôt que je suis franche et je le dis comme je le pense : Robeurte.

J'ai couché avec Robeurte pour avoir cet emploi mais ce n'est pas ce que vous pensez. Ce n'est pas du harcèlement sexuel, c'est un débat linguistique.

Quand j'ai eu l'emploi, je l'ai eu dans la bouche. J'étais nerveuse à cause de la langue et je ne voulais pas lui parler, mais lui faire. Je n'ai pas peur des mots sauf que je préfère les taire en mettant quelque chose dans ma bouche. Je voulais l'emploi mais je n'étais pas en état d'accepter un contrat parce que je ne signe rien quand je saigne. Faire l'amour quand je suis menstruée, c'est comme porter des serviettes hygiéniques en papier ciré alors que moi je veux absorber.

Tous les contrats sont des condoms parce qu'ils empêchent les choses de se produire avec des clauses restrictives comme l'extrémité rétrécie des préservatifs.

Je lui ai donc proposé l'entente verbale pour être certaine qu'il retienne ma candidature. J'ai dit *give me your pen* avec un accent monstrueux parce que la langue anglaise est tentaculaire avec ses papilles, et dans l'hôtellerie ça fait particulièrement peur. J'avais cherché « anglais » dans le dictionnaire pour l'apprendre, mais j'étais tombée sur « anglaiser ». J'avais tout de suite su que j'aurais la bonne inflexion de la voix parce que « anglaiser » ça veut dire rendre inflexible la queue d'un cheval anglais. Mon étalon était de race et je l'ai anglaisé à ma manière. D'habitude on procède avec une lame, moi j'ai tout fait avec la langue. J'étais enfin bilingue.

Je couche avec Robeurte pour qu'une chambre soit occupée et qu'un lit soit à refaire, sinon je ne sers à rien. Je couche avec lui pour que ce soit le bordel et que j'aie du travail. Je suis pigiste et je couche avec Robeurte pour avoir son sperme en moi comme un contrat en main, au moins une fois par semaine. Je suis payée tous les jeudis et il me renouvelle ce jour-là. Mon contrat se prolonge quand son sexe s'allonge, mais Robeurte se protège et c'est la raison d'être des contrats comme contraceptifs. Je ne les lis même pas et j'y mets ma griffe.

Il y a toujours un trou dans un contrat...

5

La première fois qu'on fait l'amour, la douleur qu'on ressent, c'est l'enfance qui se pousse. Moi, je n'ai pas souffert la première fois. L'enfance est toujours là. Quand tout va bien et que ça fait mal, l'enfance blottie dans notre ventre profite d'un retrait momentané de l'organe sexuel mâle pour se sauver. La frousse la fait déguerpir et elle bouscule tout dans sa fuite éperdue. Mais moi, quand j'ai fait l'amour la première fois, ma tendre enfance a été traumatisée par les surprenantes apparitions sporadiques du cyclope cavernicole gicleur, et depuis elle se cantonne derrière mon col. C'est ma propre enfance qui siège dans mon ventre, qui déloge tout embryon tentant de s'y installer. La vie refoulée.

L'enfance est bloquée dans mon ventre, coincée dans l'étranglement, là où le passage rapetisse. Il lui faudrait plus de place pour se frayer un chemin, plus de courage pour contourner l'ennemi. J'aurais voulu être plus grosse encore pour que ça passe bien et que mon enfance se faufile. Avoir un vagin avec du diamètre.

On dirait que j'accouche à terme par césarienne chaque fois que je couche parce que je ne sens rien. Faire l'amour vraiment, c'est donner la vie et ça fait mal. Quand je m'étends sur le dos et que j'écarte les jambes, c'est comme si j'allais donner la vie, mais c'est seulement le corps que je donne.

Je couche avec Robeurte. Ce sont des petits viols comme chacun sait et c'est touchant comme c'est tacite. Je ne peux pas me faire vraiment violer parce que je ne refuse aucune passe. Je ne dis jamais non, j'accepte en ne disant rien. Faire l'amour, ça ne me fait rien.

6

J'habite un garage, celui de l'hôtel où je travaille. J'habite un garage utérin parce que souterrain ça sonnerait creux. J'ai mis mon lit en plein milieu du garage, à l'endroit précis où sortirait le gros cylindre hydraulique si ce garage était un vrai garage où on répare des bagnoles. Je suis couchée sur mon lit, comme juchée sur un vérin, comme si mon lit était un lit superposé et que je couchais au deuxième. Je rêve en couleurs avec des lunettes trois dimensions qui me décollent du sol. Je rêve, sauf qu'en vrai je suis à six pouces du béton et on ne répare strictement rien ici. Je suis malade. J'ai un bruit dans le ventre, c'est un bruit de fond. J'ai un courant d'air en moi. Toutes mes bouches communiquent. Je mets les mains sur les oreilles, mais je l'entends pareil. Je mets une main à mon vagin et l'autre sur ma bouche parce qu'ils vont de pair, mais ça ne change rien. Qu'est-ce qui se passe ? Je perds de l'air ? Je suis malade, qu'est-ce que j'ai ?

Mon aspirateur, c'est un stéthoscope avec amplificateur. Le bruit du moteur reproduit ce qui se passe dans mon ventre. J'applique le tuyau sur ma peau et la tonalité change. J'entends la mer comme dans un coquillage.

La mer.

Je mets l'œil à la lorgnette pour voir, mais c'est un aspirateur et je ne vois rien. Le globe oculaire aspiré, exorbité, je veux voir plus loin. Je scrute l'horizon mais c'est la nuit et il fait tempête: ma paupière et mes cils battent au vent dans le tuyau. Je suis perdue. J'enlève le tuyau, j'ai mal. J'ai l'œil comme un poisson rouge, je le sens. Je dois avoir du sable dedans. Je verse des larmes et elles sont salées.

7

Quand j'ai eu l'emploi, il devait y avoir au moins six mois de poubelle en retard dans le garage. Ça pue un peu mais je n'ai rien sorti. Quand je ne fais pas le ménage de l'hôtel, je fouille. C'est un amoncellement de cochonneries de toutes sortes, ici, de trucs oubliés ou abandonnés par des clients. Je promène l'aspirateur comme un limier, je ne lui laisse rien bouffer. Je ne le laisse même pas mordre, même pas la poussière. Je le fais pointer, un point c'est tout.

La première chose qui m'a attirée, c'est moi. Je me suis vu la binette dans le bazar, mais c'était un miroir. Je me suis approchée et j'ai disparu. Être un reflet, c'est drôle ce que ça fait. Ce n'était pas un miroir comme je pensais, comme dans *je pense donc je suis*. C'était un vieil aquarium qui renvoyait mon image. J'y ai tout de suite versé de l'eau pour y réapparaître, mais rien. Je l'ai rempli à ras bords et depuis je viens le voir tous les jours. Je ne m'y suis jamais revue.

J'ai un aquarium mais aucun poisson ne vit dedans. Je ne l'entretiens pas et il est très sale. J'observe plutôt la vie qui s'y forme. C'est ma pouponnière en quelque sorte. J'y cultive des algues. La mousse grimpe le long des parois, les plantes aquatiques s'installent, sans racines. Je recrée le milieu marin, le vrai. Je nourris l'eau avec une salière. Je veux faire la mer. Je dis « mer » et ça veut tout dire.

Je suis un véritable aquarium. Mon ventre est en verre comme pour la fécondation in vitro. Aucune algue gluante en moi. Peut-être un récif corallien, quelques coquillages, c'est tout. J'ai la vie dure. Mais pas la moindre algue qui ondule. L'algue, c'est la nourriture primordiale, le premier maillon de la chaîne. Sans algue, pas de vraie vie. Je désire avoir une toute petite ulve pour nourrir la vie sous toutes ses formes. Je voudrais pouvoir écrire que j'ai une ulve, sans qu'on croie que c'est une faute de frappe. L'ulve, c'est une algue qu'on appelle aussi laitue de mer. Mais moi j'ai une salade de maman comme on dit, une vulve à toutes les sauces donnant sur un vagin à muqueuse amuse-queue si vous préférez. Si j'avais une ulve au lieu d'une vulve, j'aurais du vrai plancton en suspension en moi, signe incontestable de vie.

Je suis un aquarium mais je voudrais être une mère. Je voudrais qu'on m'appelle madame Auger comme la mer Égée. Je veux être salée comme une blague salée, un peu obscène pour plaire aux hommes. Je veux faire des vagues. Je vais me déhancher pour être plus libertine et devenir enceinte. Je veux être mère. Je dis « mère », mais ça fait rien.

Assise devant l'aquarium, j'ai toute la vie devant moi. Je passe mon temps à regarder la vie se former sous mes yeux. J'observe l'apparition progressive des bactéries. J'ai même déposé un sonar au fond pour y détecter les moindres soubresauts du moindre être unicellulaire. C'est tellement beau la vie, surtout quand c'est petit.

8

Je suis détraquée comme autobus.

Je n'ose pas changer de pièces. J'essaie d'ajuster celles qui tournent encore. Je me bricole au salaire minimum et ça vaut ce que ça vaut. Il n'y a rien à faire. J'ai des pièces manquantes et il faut que j'en ajoute d'autres. Je vais me poser des pièces comme on se pose des questions. Je manque de morceaux comme un casse-tête défait mais je ne sais pas lesquels.

Je croque des écrous et j'avale des boulons, des courts et des longs. Je les badigeonne d'huile à moteur et je me gave. Je vous dis que je prends du poids ! Je me suis farci la transmission, et le radiateur est sur la rôtissoire. Je bouffe comme un dépotoir un autobus mis au rancart. Je grignote un autobus en pièces détachées dans l'espoir de le voir un jour ressortir tout assemblé. Je croque des écrous et j'avale des boulons. Je me brise les molaires et je fais des ulcères. J'ai des crampes d'estomac comme une boulimique pour boulonner tout ça dans mon ventre. Je vais me reproduire, ça c'est sûr, et en série, l'œsophage comme une ligne de montage. Sauf que c'est une clé à molette que je vais bientôt m'enfiler si je ne parviens pas à tout remonter.

Je me répare toute seule. Je ne veux pas qu'un mécanicien fraîchement diplômé avec des doigts de fée pleins de bagues de finissant me masturbe avec des mains nouvellement sales, j'aurais trop mal. Ma première cytologie, je m'en souviens trop bien. Je veux me faire réparer, mais plus comme ça. Je veux seulement prendre place sur un cylindre pour me faire examiner. Faites seulement une facture et je serai guérie, ça va tout arranger. Je ne veux pas être touchée, sauf par un médecin de la corporation. Tout doit être symbolico-mécanique. Je veux être au garage comme au septième ciel.

J'ai trouvé un miroir, un vrai cette fois. Je me suis regardée dedans et je n'ai pas disparu. J'enlève ma petite culotte, je mets le miroir par terre et je cherche sous ma jupe mon problème de mécanique. Rien. J'essaie de voir ce qui cloche, de repérer l'endroit d'où vient le sifflement. Rien. Aucune trace visible de problème, nulle part, même pas dans ma culotte. Je cherche mais je vois mal. Je suis mal organisée, mal équipée.

Si je brisais le béton sous mon lit, je suis sûre qu'un cylindre métallique jaillirait du sol, mû par un liquide sous pression. Je m'assoirais dessus et je me laisserais faire. Je suis tellement grosse, tellement lourde que le symbole en puissance ne parviendrait tout de même pas à me soulever et il s'enfoncerait en moi, et comme ça je serais guérie parce que j'aurais le ventre plein.

J'ai poussé le lit. J'ai fécondé la fondation en traçant sur elle un ovale en guise d'ovule et je fissure le ciment en suivant cette courbe. J'ai tracé un ovale pour que le cylindre ait de la place pour passer, pour ne pas que ça soit serré. Je veux que ça passe sans difficulté comme le jaune dans un œuf.

Je prélève un morceau de béton comme si c'était de la matière vivante. Je matraque le burin avec un marteau mais c'est le béton qui écope. L'opération fait de la poussière comme une opération dentaire mais tout est ramassé à mesure. L'aspirateur vocifère comme un contremaître en bordure du chantier et le tuyau affalé avale tout. Il ne reste rien. C'est du travail professionnel et discret. C'est comme un vol de banque que je fais, comme un tunnel que je creuse jusqu'au coffre hypothétiquement plein. J'effrite le ciment précisément sur la ligne. À chaque jour suffit sa peine *multiplié par* petit à petit l'oiseau fait son nid *égale* dans quelques jours je vais bientôt avoir fini. Je vais retirer le bloc d'une seule pièce, comme neuf. Le cylindre va jaillir et l'ovale va être éjecté. Je vais faire d'une pierre deux coups en conservant mon œuf en béton précieusement. Je vais le maintenir en vie artificiellement comme l'unique survivant d'une portée en le branchant s'il le faut sur un gratte-ciel et un jour je vais faire une bouture avec, un clônage même. À partir de ce bloc, je vais ériger ma maison familiale. Une maison grosse comme moi.

9

Ce n'est pas vrai, je ne suis pas grosse.

Je ne suis même pas un autobus. Si vous saviez par contre à quel point je désire prendre des proportions, devenir énorme, monstrueuse, surmultipliée. Je suis prête à tout pour doubler le volume de mes seins et tripler celui de mon ventre...

Mon ventre est plat. La pointe de mes bosses iliaques émerge de mes hanches sans faire la moindre vague. J'ai les os du bassin comme des balises et je voudrais qu'elles attirent un navire. Mais rien. C'est le calme plat sur mon ventre. Je voudrais que mon nombril soit un typhon et qu'un vaisseau s'y enfonce. Je veux avoir un gros bateau au fond de mes eaux. Je veux un squelette de capitaine et un trésor qui dort. J'ai déjà du corail au fond de moi. Je suis pleine d'eau et je veux un bébé qui fait de la plongée. Je voudrais être la mer et la terre comme on est le père et la mère. Être parentale comme continental pour que mon bébé nage en moi et longe mes côtes à l'intérieur. Je veux un bébé dans mon ventre.

Je ne suis pas grosse, je suis toute petite. J'ai le genre de taille de guêpe qui pique la curiosité. Je ne suis qu'une femme de ménage alors que j'ai un corps de star. Parfois j'enlève mon uniforme et je m'habille en chanteuse rock'n roll et je fais mon show dans le garage. J'écoute du métal dans mon walkman et je fais semblant de chanter. J'essaie d'avoir l'air heavy. Je voudrais être heavy dans le sens de pesante, peser un gros cent kilos quand je saute comme une folle. Je veux être heavy et je mets du cuir avec des chaînes qui font peur quand elles brillent sous les spots. Le genre de cuirasse de cuir qui ne fait pas comme un gant mais qui colle à la peau pour vrai comme une toile d'araignée. Je veux être heavy.

Je suis toute petite. Je voudrais être une vraie grosse femme de ménage avec un tablier fleuri et des bigoudis à l'année. Je voudrais être laide, mais je suis belle. Je n'ai presque pas de seins comme un mannequin. J'ai des seins beaux à croquer, mais ce sont eux qui ont des dents. J'ai des seins accrocheurs, pointus comme des crocs. Je voudrais tellement avoir des seins dociles, avoir un corps dompté et être inoffensive quand je suis nue. Je rêve d'avoir les boules basses et la peau qui pend. Des vergetures qui font peur mais qui ne mordent pas.

Je veux être grosse. Je voudrais avoir le tour du monde autour du ventre et faire le voyage de ma vie. Je veux transporter, ne serait-ce qu'un seul passager. Je veux au moins avoir un pilote. Si je ne suis pas un autobus, je veux être, minimum, un bolide. Si je ne suis qu'une carcasse d'acier sans âme, au moins je veux avoir des roues et un moteur. J'ai des trompes de Faloppe comme tuyaux d'échappement. Je veux carburer pour transporter. Avoir du monde dedans, peu importe où, pour être de taille avec les femmes à hanches larges qui font les courses et qui achètent des couches. Je veux être une grosse cylindrée avec un fiston comme piston. Mais je roule au fioul et ça pue le fiel. J'ai mauvaise haleine et je n'avance pas : je suis diesel. Mais je suis folle aussi. Je me gargarise au kérosène et je crache du feu. Je pars en peur comme une fusée. J'ai toujours été à réaction dans ma tête et je réagis comme jamais, à grands cris supersoniques.

J'ai voulu un bébé trop vite.

10

Ça manque de vie.

Même si l'aspirateur fait du bruit comme un défoncé, ça manque de vie. Ça manque de décor, ça fait trop théâtre moderne, trop underground. Trop c'est comme pas assez. On dirait que je monte ma vie pour la scène. Je monte ma vie mais je veux mettre bas.

Je décore. Je vais avoir des pans de mur tapissés et l'unité de lieu va être parfaite. On va savoir où je suis. J'achète des revues pornos et j'épingle les photos sur les murs pour que ce soit comme un vrai garage où on répare des bagnoles. Toutes ces femmes nues ont les jambes écartées comme si elles allaient accoucher et ça m'écœure. Elles tiennent toutes leur vulve ouverte avec leurs doigts bagués et c'est l'unité parfaite d'un french cancan de clitoris lithographiés. Ça m'écœure, mais c'est du théâtre.

Ça manque d'accessoires aussi, mais il faut que ça vive.

Ça prend des plantes, des vivantes.

Je n'en achète pas, je fais des boutures. Je multiplie les plantes que je vole dans le parc en face. J'ai coupé des tiges au sécateur et je les mets en terre dans des pots. Je prélève de jeunes pousses et je leur fais faire des racines en les amarrant dans l'aquarium. J'aime ça l'horticulture. Parfois je pousse plus loin et je fais des greffes. Je prélève des ramilles que je greffe sur des plantes appartenant à d'autres familles. Ça ne marche pas toujours et ça fane. Je croise des plantes à fleurs avec des plantes à fruits, mais elles meurent. Je voudrais créer mes propres hybrides, sauf que je suis nulle avec les greffes. Je suis meilleure avec les boutures. Quand je mets quelque chose en terre, ça survit. Je n'abandonne pas les greffes pour autant. Je persiste. La nuit, je vais dans le parc et j'abats de petits arbres à la hache dont je taille la base en biseau et je les pique dans de plus gros incisés à la scie. Puis je ligature pour que ça prenne.

C'est ma façon de transmettre la vie. En attendant.

11

Je suis toute petite. C'est seulement dans la tête que je suis grosse. C'est ma tête qui est démesurément volumineuse. Tout est dans ma tête. L'autobus, le bolide, les roues, le moteur, le cylindre... Ma tête, c'est un vrai garage. J'ai un cylindre dans la tête, j'ai une balle de gros calibre dans le cerveau qui fait son petit bonhomme de chemin et qui déplace tout sur son passage...

C'est le bordel dans ma tête. Ma tête est pleine et mon ventre est vide. Vide vide. J'ai faim d'avoir un bébé. Je voudrais ressembler à un petit Biafrais et avoir un ventre énorme.

Je me couche sur le dos comme une femme atteinte de sept mois, mais c'est une balle dans le dos que je veux, une balle qui va toucher ma colonne vertébrale au niveau des vertèbres lombaires pour la faire vraiment bomber, pas juste un petit arc de cercle, mais une demi-lune au complet.

J'ai quelque chose dans le dos, sauf que c'est le tuyau de l'aspirateur. Je le recroqueville toujours sous mon dos quand je suis incapable de dormir. Je me couche dessus pour que mon ventre fasse un monticule. J'ai le ventre arqué, mais pas encore assez. Si j'étais couchée sur le cylindre hydraulique de mes rêves, celui qui pousse, qui force, j'aurais bien plus qu'une bosse. J'aurais le ventre rêvé. Je m'attacherais les mains et les pieds à la tête et au pied du lit et la pression exercée ne soulèverait que le milieu de mon corps et je pourrais fendre à tout moment. Je suis fatiguée de mon ventre qui lève comme un gâteau raté. Je veux avoir un ventre énorme avec un pays à chaque pôle, un ventre gros comme une planète en formation et avoir une population potentielle comme l'Afrique noire. Je serais l'Éthiopie et la Somalie réunies tellement j'ai faim, tellement j'ai le ventre vide. Je serais un nouvel État indépendant unifié, né d'une révolution à cause de la faim. Je subis la dictature du vide, mais ça va changer. Je vais instaurer la vraie démocratie, celle qui donne la parole aux petits, celle qui leur donne même la vie. Je vais provoquer des érections comme on déclenche des élections et je vous jure que ça va venir voter ! Je vais me déguiser en bulletin de vote avec une case vierge bien en vue pour avoir le vote populaire comme une femme publique. Tous les X chromosomiques, c'est moi qui vais les récolter et mon bébé va prendre position, la tête en bas.

Le monde à l'envers, on va le changer.

12

BANZAÏÏÏÏ !

J'ai hurlé ça gros comme le bras, mais rien.

Aucun cylindre hydraulique n'a jailli du sol. J'ai crié banzaï en donnant le dernier coup de burin parce que c'était un essai nucléaire et j'étais certaine de voir apparaître le baobab atomique que tout le monde confond avec un champignon. J'ai tout fait ça pour rien et j'étais furieuse. J'ai sauté sur place en ne criant plus banzaï comme un kamikaze, mais bonsaï, pour exploser à ma façon et devenir un nuage de fumée radioactive, un arbre miniature mortel. Je n'ai pas explosé.

L'ovale de béton n'a pas été éjecté à des centaines de mètres et j'ai dû hisser cette croûte terrestre hors de la crevasse comme on roule une pâte à tarte durcie par des millénaires. C'est lourd et ça roule mal.

❏

J'ai déraciné un pommier.

J'aurais préféré un oranger, mais ça ne pousse pas ici.

J'ai déraciné un petit pommier récemment planté au coin de la rue dans un mètre cube de terre entourée d'asphalte. Je l'ai déraciné sans efforts ni remords pour le transplanter dans le garage parce que je ne supportais pas d'avoir fait ce trou pour rien comme une explosion expérimentale.

Le pommier et moi, on est de la même taille. Il n'a presque pas de branches, pas de feuilles. Je trouve qu'on se ressemble.

Mon nombril fait comme un nid, mais c'est un nœud. Moi, je voudrais avoir un creux avec de la place pour un petit, mais mon ventre c'est un vrai rang de planches. Impossible que je porte fruit, même si je suis en bois.

Je voudrais être un arbre avec deux branches pour que la vie s'accroche dedans comme si elle tombait du ciel. Je vais devenir un arbre, je vais me planter dans la terre, tête première, jusqu'à la taille, et je vais être un vrai tronc avec un vrai entre-jambes pour nicher la vie.

Je n'ai pas d'enfant. C'est comme trop tard. J'ai des feuilles mortes sous les paupières et des racines aux coins des yeux. Je suis en bois comme un arbre en pot.

Je ne jouis qu'artificiellement.

13

Je veux un enfant depuis toujours. Ça fait deux mille ans que je veux un enfant. Deux mille ans que je prie pour en avoir un. Et j'y crois toujours. Je vais finir par en avoir un, c'est sûr. N'importe comment. Ça fait dix ans que je fais les poubelles de toutes les cliniques d'avortement, mais ils sont toujours trop petits, les restants de table d'opération des femmes qui ne digèrent pas d'avoir un enfant et qui en font une indigestion. Elles sont malades parce que moi ça fait cent ans que j'arpente les couloirs de l'hôpital Sainte-Justine, que je maraude comme une marâtre autour de la pouponnière, que je louvoie comme une louve dans la moutonnière. Je ferais n'importe quoi, n'importe où, depuis toujours, pour avoir un bébé. Ça fait cent ans que je veux voler un bébé, un tout petit, le plus petit de tous, un vraiment minuscule pour qu'on ne s'aperçoive même pas de sa disparition. Ça fait deux mille ans, je vous dis, que je veux un enfant.

L'autre jour, j'ai cru que ça y était quand j'ai trouvé une poussette toute défaite dans un coin du garage. Je me suis tout de suite mise à fouiller les boîtes à proximité dans l'espoir d'y trouver un petit bébé abandonné ou abusé sexuellement que j'aurais pu aimer comme du monde. Mais rien.

En attendant, j'ai récupéré la poussette. Ça peut toujours servir. Je l'ai réparée comme j'ai pu, mais je ne l'ai pas huilée et j'aurais dû. Elle grince quand je la pousse.

Ça grince comme quand ça geint, ça couine comme quand ça boude. Un vrai bébé, ma poussette. Elle a l'air folle un peu parce qu'elle roule sur trois roues. La quatrième ne touche pas le sol. Elle est encore un peu tordue, ma poussette. Je mets le bloc de ciment que j'ai mis au monde dedans et ça porte mieux. Je me promène dans le parc et j'embarque dans la parade des mamans avec mon bébé en béton. Je fais comme elles, je fais guiliguili, je donne le biberon, je passe la débarbouillette sur le visage et je fais faire des petits rots sur mesure. Je prends mon petit dans mes bras, mais j'ai toutes les misères du monde à cause du manque d'expérience et du poids, en plus de celui sur la conscience. Je le berce, je lui chante tranquillement une berceuse et soudain je l'échappe. Le drame! C'est un drame parce que mon bébé en béton me tombe sur le pied. Je vous le dis, l'insoutenable légèreté de l'être, c'est rien comme blessure à côté de ça. Je ne pousse aucun cri. Je souffre en silence. J'ai mal à sa place. Le bébé aurait pu se tuer. Je le laisse par terre, il a l'air si bien, planté dans la pelouse. Je lui prends la main, mais je fais semblant. Il n'a pas encore de mains parce que mon bloc de ciment, c'est tout juste un fœtus.

La sainte Catherine

14

Les autres mères du parc ne me parlent pas. Sauf Catherine. Elle, c'est une vraie mère avec une vraie petite fille. J'ai d'abord cru qu'elle était psychologue ou quelque chose du genre, car elle s'est approchée de nous et elle a fait un beau sourire à mon bébé. Ce n'est pas tout le monde qui sourit à la vue d'un bloc en béton assis dans une poussette, exception faite de Jésus-Christ. Mais Catherine n'est pas psy, ou si peu. Elle est peut-être papesse, qui sait? L'enceinteté, c'est le plus haut grade de l'état-major sacerdotal féminin. Ce sont des généraux religieux qui intronisent ces femmes en leur introduisant le sexe comme un sceptre. Tous les hommes qui pratiquent sans devenir papa sont des papes en puissance. Et un pape, c'est de la racine de pimp.

Son vrai nom, c'est Catherine, mais tout le monde l'appelle Cathy. Lorsqu'on devient pape, papesse ou danseuse topless, on change toujours de nom. Et Cathy, ça fait chatte au max.

Tout porte à croire que Cathy est vraiment papesse, le décolleté et l'ajustement outrageusement moulant de sa soutane en font foi. En plus, elle trône. Elle m'invite à prendre place sur son banc gestatoire où d'autres papesses en gestation concilient silencieusement la vie et le néant. Elle me parle de tout et de rien, de sa religion... Enceinte ou non, chose certaine, Cathy a la vocation, sa petite fille en est la preuve.

15

Je vais souvent passer la nuit chez Cathy et Paula depuis que je les connais. Cathy, c'est ma grande amie et Paula, c'est sa petite fille. Quand je vais les voir, je m'assois et je regarde Paula. Je passe de longues heures à la contempler. Je la regarde dormir.

Paula clignote quand elle dort. Sans arrêt comme des lumières de Noël. Une guirlande lumineuse et colorée l'entoure, comme une auréole, branchée dans sa tête. Ce sont des pleurs en attente, ces lumières éclatantes. C'est dans ma tête tout ça, mais c'est beau quand même.

Lorsque la faim la réveille à moitié, d'instinct Paula fait du pouce dans sa bouche, mais c'est sans succès comme succion. Alors la petite pousse un cri strident comme une lumière aveuglante qui éclate en mille watts et dont le faisceau transcende toutes les portes. Cathy, ayant des yeux tout le tour de la tête, tend les tympans comme des trampolines pour que les ampoules incandescentes que lance Paula rebondissent et ne se brisent pas. Ça rebondit comme ça tous les soirs : tôt ou tard la petite Paula pleure. Tous les soirs, Paula se défonce les bronches, elle s'époumone les pneus sur le passage clouté où traverse la vie de Cathy. Paula pleure à cet endroit précis et c'est la crevaison des yeux. Paula en panne, Cathy sort le cric de son cœur qui craque. Sa fille, c'est toute sa vie. Elle change la couche, fait le plein en donnant le sein et remet Paula au volant de sa couchette où elle se rendort très vite.

Cathy est souvent au travail dans sa chambre quand ça frappe à l'aorte. Je dis « ça frappe à l'aorte » parce que son cœur cogne quand Paula pleure. Cathy pratique le moins pieux métier du monde comme on dit. C'est quelqu'un d'expérience, Cathy, on ne trouve pas plus pro comme prostituée. Mais quand Paula pleure, elle abandonne tout de suite la bitte de son client pour s'occuper de sa p'tite à elle. Elle allaite et rien ne l'arrête. C'est une vraie tempête, cette Cathy. Sa peau, c'est du sable ; sa poitrine, c'est une plage ; et sa petite, c'est la mer. Tout le reste, c'est du vent. Tout son corps est un pays chaud balayé par des tornades de mains et des ouragans pas de gants. C'est le paradis terrestre, son corps archipel. Ses seins, c'est les Fidji ; son vagin, c'est un lagon. Ses seins sont aussi petits que les miens et c'est pas croyable pour une femme qui allaite. Il faut y boire pour les voir comme on dit.

16

Trois heures et quart et je ne dors pas encore. Je ne dormirai pas, c'est trop tard. C'est encore l'heure du petit déjeuner. Cathy allaite. Moi, je me fais un café et je lis le journal. Je fais semblant de lire et je les regarde. J'ai l'esprit mal tourné. Mon esprit est sali, sale comme des doigts qui tournent les pages éditoriales d'un journal de droite. Je suis sale d'envie. J'apprends par cœur ce qu'elles font. J'apprends à manger, mais pas avec une fourchette ni avec les doigts, j'apprends à manger avec les yeux. Je les dévore. Je ne mangerai jamais plus comme avant à partir de maintenant. Je ne serai plus capable de regarder le monde sans gargouillis dans le ventre.

Je suis malade de Cathy et Paula. Je les ai dans la peau. Je fais de la fièvre. Il fait chaud à suer et c'est beau à pleurer. Mais si je pleure, je me déshydrate. Je vais garder le lit et prendre beaucoup de liquide comme une pute par cathéter. Me brancher sur du sperme. Vivre de ce sérum injecté directement dans les yeux. J'ai du sperme dans les yeux, je mange avec les yeux, j'aime avec les yeux.

Je n'aime plus comme avant depuis Cathy et Paula. Je n'aime plus, je trouve beau. C'est avec les yeux que j'aime maintenant. C'est avec les yeux qu'on aime vraiment. Pas avec le cœur. Avec les yeux, et aussi les doigts.

J'ai beau les aimer avec les yeux, il faudrait que je les touche. Elles sont si belles en plein allaitement. Elles sont à l'œuvre mais c'est Paula qui fait tout. Ça sent bon et j'ai faim. Quand je regarde les petits seins bien pleins de

Cathy, je vois un festin dominical, un brunch à volonté. Je vois des viandes froides, des muffins anglais, des confitures, du fromage. Mais c'est seulement du lait et je les envie quand même. Mes yeux ont l'eau à la bouche. J'ai les yeux dans l'eau comme des œufs dans le sirop.

Je ne suis pas certaine, mais je soupçonne de plus en plus Cathy d'être vraiment pontificale, porteuse de la parole de Dieu, avec le genre de verbe qui se fait chair. Je n'en parle pas. Je tiens ça mort.

Je salive. J'en bave.

J'espère que Cathy n'est pas enceinte parce que je suis très jalouse des femmes enceintes. Je voudrais être la seule femme enceinte au monde. Avoir la responsabilité de toute vie. Faire comme on m'a dit quand j'étais petite : « Sois responsable. » C'est ça que je voudrais être, responsable. Je veux être responsable, je veux que ça soit de ma faute, la vie. Je veux être la cause du monde. Je veux être la raison pour laquelle on vit. Je veux avoir quelque chose sur la conscience, je veux un être vivant dans le ventre parce que c'est là qu'elle se cache, ma conscience.

Si Cathy était vraiment enceinte, je ne sais pas ce que je ferais. Je virerais vraiment folle, je capoterais. Je perdrais la tête comme une aiguille dans une botte de foin. Je suis folle. Je rêve de voir crever toutes les bombes à retardement bombées que sont les ventres des femmes enceintes. Je rêve de voir éclater toute cette peau prête à fendre. Quand je vois une mère, je lui souhaite automatiquement du mal à l'arme automatique. J'imagine pour elle des génocides à l'acide, des carnages carnavalesques, je fantasme des orgies continentales où les seins sont des grenades à main, où les vagins sont des bazookas 75 millimètres, où les pénis circoncis sont des épées dégainées. L'absence dans mon ventre me donne envie de tuer.

Je suis jalouse. J'envie à mort.

Mine de rien, je suis la reine des guerres intestines. Je porte une tiare noire et la nuit je dissimule sous la chaussée les obus-gibus, ces chapeaux qui sautent. Je veux faire chair moi aussi, mais c'est chair sanglante que je laisse sur mon passage. J'estropie, je décapite. Toutes les guerres civiles dans le monde, c'est moi qui les déclare. C'est de mon ventre que je les dirige. Je suis la source du mal quand je mouille. La guerre m'excite. Je promène sur mon corps nu un char d'assaut miniature. Je me chatouille avec ses chenilles. Je me fais des caresses qui laissent des traces. Je dessine le Pentagone sur mon ventre plat et c'est le quartier général. La guerre est télévisée dans mon ventre comme si c'était un sous-sol fini américain que rien n'atteint. J'appuie sur des boutons et c'est tout. Je télécommande à distance les changements de la garde nationale qui nous protège de la crevante réalité. L'écran télé, c'est un filtre UV pour ultra-violence.

La vie me rend folle. Je veux tellement donner la vie que je donnerais la mort. Je suis folle. Un esprit sain dans un corps plein. Mais mon ventre à moi est vide. Je suis folle et vide. Je suis sans vie à l'intérieur. La mort, c'est l'absence de vie et j'ai la mort dans le ventre. J'ai l'utérus comme un centre commercial le dimanche. Ça magasine en moi mais tout est fermé. Ça lèche-vitrine, mais ça n'achète pas. Tout le monde est cassé. Tout ce que je mets dans mon vagin est cassé, cassé comme un clou. Je me fais l'amour au clou de quatre pouces et je jouis comme une folle. Je me fais l'amour à la petite cuiller et je crois dur comme fer que ça va me faire un bébé. Je fais l'amour sans queue ni tête.

Quand je fais l'amour normal, je ne jouis pas.

17

Je veux un bébé. Je vais tout faire pour ça et je sais comment. Je vois faire Cathy quand elle aime. Le cœur à deux pouces du nez, je vois passer l'amour de près. Je vais tout faire exactement comme elle, en commençant par ouvrir mon vagin comme un magasin. Je vais faire l'achalandée pas achalante, la fille sans file d'attente. Je vais avoir un ventre commercial dont le mail central ne sera pas toujours bloqué comme les boulevards par lesquels les banlieusards évacuent la ville. Mon sexe est un axe nord-sud. C'est ma voie principale. Le sexe, c'est tout ce que je veux et tout ce que je vois. Je vais avoir les yeux et le corps ouverts comme un dépanneur vingt-quatre heures et quand je vais aimer, ça va remplir les tablettes.

C'est un pet devenir une pute. Ce n'est pas sorcier d'être une sorcière. Avec les faux cils en faucille et le mascaracadabra, je fais de la magie noire. Je suis une coquette concoctée, je me change en grande ville comme une grande fille. Il faut dire que je ne suis pas laide et ça m'aide. Je suis si belle et petite qu'un rien m'habille. Je suis bandante avec mon bandage qui me sert de vêtement, on dirait que c'est un grand couturier qui m'a fait cette robe enrobante tellement ça me colle à la peau. Je m'arrange, je me maquille la maquette pour séduire comme un top modèle réduit à l'échelle, je me teins les cheveux sur chevalet comme si ces poils étaient des toiles. Je me mets belle tête première pour aimer avec le dos de la cuiller.

Vendre
(donner à tout prix)

18

Je suis maintenant une putain. Je trouble la paix publique avec ma plaie pubique. J'ai appris vite. C'est Cathy qui m'a montré. C'est elle qui m'a mise en vue, en joue avec mon cul. On ne peut pas me rater maintenant. Je suis la cible au bout du corridor, le bull's-eye de la corrida de l'amour. Je suis devenue une pute, une vraie, une belle, flambant neuve. Comme ça, c'est sûr que je vais finir par avoir un bébé. Je vais baiser comme une défoncée parce que la plus belle femme du monde, c'est moi.

Je fais le trottoir rue Sainte-Catherine et tous les hommes veulent me tirer dessus avec leurs yeux comme cinq cents balles. Je suis un pétard, comme on dit. Je suis l'envie et le rêve de tous les collectionneurs d'armes. Ils braquent tous leurs mitraillettes sur moi. Belle comme une arbalète, je les provoque. Les jambes longues comme des flèches bien aiguisées, j'aguiche. Je suis dans le viseur de ces hommes, je sens leurs yeux dans le bas de mon dos. Un œil, c'est une arme blanche et je vous jure que les couteaux volent bas. C'est mon cul qu'on vise.

Je me suis fait embarquer, ça n'a pas traîné. La quatrième auto s'est arrêtée, et hop ! le temps de le dire, j'étais à poil sur la banquette arrière. Je voulais me faire baiser à tout prix et je me foutais complètement que ce soit par des flics. S'il n'y avait pas eu ce grillage dans la voiture, je serais passée devant et j'aurais ouvert ma vulve comme un portefeuille pour leur montrer mon hymen comme un papier d'identité. Mais de toute façon, je ne l'avais plus sur moi. Tout ce que je regrette, c'est de n'avoir pas eu droit à la fouille réglementaire, bras et jambes écartés. Les policiers auraient été incapables de résister et ils m'auraient fait l'amour à mort contre la portière, par-derrière, les gyrophares en action et moi hurlant dans la nuit. Mais rien.

Tout n'était pas perdu. J'allais passer la nuit en prison, entourée de voleurs, de violeurs et autres crapules prêtes à tout, n'importe où. Ça n'allait pas prendre trois minutes que j'allais y goûter à m'étouffer. J'allais en prendre plein la gueule, ma vraie.

Je n'ai pas été mise avec les autres. Je me suis fait coffrer dans un salon privé, comme dans les bars de danseuses des banlieues reculées. J'ai attendu, attendu, personne n'est venu me rejoindre. J'ai gueulé que je voulais sortir, que j'étais prête à payer la caution. Le problème, c'est que je n'avais encore tiré aucun profit de mes nouvelles fonctions publiques. Les policiers m'ont demandé si j'avais un avocat et j'ai dit: Cathy. Ils devaient la connaître puisqu'elle est arrivée pas longtemps après. Elle a payé la taxe sur la liberté et on est allées prendre un verre. On a rencontré deux pailles. Une paille, dans le jargon du métier, c'est comme une pipe mais sans la fumée. On se rend tous les quatre à l'hôtel et Cathy monte avec le sien alors que moi je descends au garage avec l'autre. Avant même que je me déshabille, il me fait le coup classique du gars qui veut seulement parler. Alors là, c'en est trop, je lui sors un exemplaire invendu de mon *Guide pratique de la femme qui veut tuer*, publié à compte d'auteur. Je lui en fais lire quelques pages qu'il doit m'illustrer par la suite parce que je veux être certaine qu'il comprend bien. Je lui donne du papier et un crayon mais il manque visiblement d'inspiration. Je lui souffle une partie de la réponse en lui faisant la passe avec le tuyau de l'aspirateur. J'arrête tout de suite! Je ne pourrai pas supporter d'être une femme de paille toute ma vie, de faire des fellations et ne jamais rien récolter. Je ne pourrais pas supporter que la course folle du sperme de cet homme ait lieu dans un tuyau sinueux comme le circuit de Monza en Italie. La course, c'est ici en moi en Amérique. Ma piste est ovale comme un ovule comme pour les cinq cents milles d'Indianapolis aux États-Unis.

On a fait l'amour en vitesse et j'ai eu le drapeau à damier comme lorsqu'on fait une crise de cœur. Je voyais des points noirs partout, j'ai failli perdre connaissance. J'ai manqué d'oxygène au cerveau quand le sperme y est passé.

Je veux un enfant depuis toujours et maintenant j'en veux un comme jamais. Ça presse. Je sens le vide se répandre en moi. C'est une grosse bulle d'air qui part du bas et qui monte, qui remplit mes tubes en plastique et qui traverse ma poitrine où se trouve un cœur de vitre comme un œil pastiche. Et ça monte, ce doit être de l'air chaud. La bulle de chaleur atteint ma tête froide et ça éclate. Quand j'ouvre la bouche à présent, on ne voit plus ma langue, on ne voit rien.

Je n'ai qu'une chose en tête, c'est mon ventre vide.

19

Je fais maintenant l'amour très souvent. Le monde entier sans exagérer veut coucher avec moi. J'ai l'embarras du choix des partenaires. Je n'ai qu'à lever le petit doigt pour que ça bande. Mais je voudrais être grosse et laide pour ne pas avoir le choix. Je voudrais devoir contacter chaque soir une agence de rencontres ou faire paraître quotidiennement une petite annonce pour devoir me vanter, me faire valoir, me revamper et en remettre encore. Me décrire plus grande que nature, plus large que haute, sans mentir. J'envie ceux qui sont seuls et qui cherchent : lorsqu'ils trouvent, ils s'accrochent. Je voudrais être assez grosse pour faire crouler n'importe quelle relation. Je serais grosse un point c'est tout et je me décrirais comme telle. J'aurais une bedaine et j'enverrais des photos. On répondrait à mes appels, mais pas à mes envois. Tout le monde poufferait de rire en voyant mon corps bouffi. Mais je continuerais de chercher. Je serais l'âme sœur d'une tête folle ou d'un homme en manque. Je n'aurais pas besoin pour une fois de m'inventer des carrosseries en polymère résistant aux nombreux accrochages de la prostitution. Je ne ferais plus l'autobus ou le bolide pour rien. Je serais moi-même gratuitement. Je ferais l'amour comme on fait un dernier tour de piste. Je me donnerais à fond une dernière fois. Je donnerais tout, comme pour la démolition.

20

Depuis que je suis une pute, je m'habille en cuir rouge comme il se doit. Je déteste la couleur rouge mais je me fais violence. Je porte de la maroquinerie rouge comme des cerises au marasquin. Mes jupes sont rouges, ma sacoche est rouge, mes souliers sont rouges, je mets du rouge à lèvres rouge et des boucles d'oreilles rouges. Je mets du rouge et le cœur me lève. Je me fais violence. Rouge, c'est la couleur de la violence. Je me fais mal. Je me déchire. Ça me fend le cœur quand j'écarte les jambes. Je n'ai peut-être pas le cul immaculé de Marie mais j'ai le cœur plein d'épines. J'ai mal et je prends plein de rendez-vous partout dans l'espoir de rencontrer un médecin généraliste, un beau docteur géniteur détenteur d'un diplôme et qui chôme, un jeune gynécologue qui me ferait une vraie cytologie, qui viendrait me chercher au plus profond de moi, avec qui je n'aurais pas de saignements et de qui je serais malade. J'irais le voir à l'hôpital et ça serait l'amour aseptisé, sans cochonneries, avec des gants blancs, sans condom. On ferait du sexe comme on passe un test. L'amour bon chic bon genre qui se traduit par un BHCG positif. J'aimerais mon docteur comme une vraie folle aime la folie en psychiatrie. On ferait l'amour à l'urgence, on ferait l'amour en vitesse, puis j'accoucherais à la maison sans pépin, pas à l'hôpital comme une orange qu'on presse. J'accoucherais vingt heures de temps pour vraiment l'avoir en tête, cet accouchement, pour qu'il y survive comme sur vidéo et j'aurais un souvenir durable, la douleur comme la couleur, sans épidurale.

21

Le rouge, c'est du feu sur ma peau et je suis brûlée noire.

Je suis brûlée. J'ai flambé au brandy. Je suis complètement alcoolisée. Je suis spiritueuse avec mon esprit fermenté. Je suis sirupeuse, je suis colleuse, je suis chaude. La température de mon corps, ce n'est pas trente-sept, c'est quarante degrés comme du fort. Je suis chaude mais j'ai la tête froide comme du champagne bien frappé. J'ai la tête comme un glaçon dans un cognac qui cogne. Je me pète le cerveau sur les murs dans ma tête. J'ai le crâne décalotté, et mon corps bien moulé, c'est le pied de ma coupe bien pleine. On me prend par la taille, on prend son pied, et ça renverse. Je suis une coupe et la coupe est pleine, bien pleine de sang. Je suis rouge et je me déteste. Je déteste la couleur rouge. Tout ce qui est rouge m'écœure. J'ai horreur du sang, ça me fait vomir. Il faut que je m'enlève de la tête qu'un pénis en érection c'est gonflé de sang sinon je ne ferai plus l'amour. Tout ce qui est rouge m'écœure. Le vin rouge, les feux rouges, le père Noël, les camions de pompier, les boîtes aux lettres, les couteaux suisses, tout ce qui est rouge m'écœure, même mon cœur. La vue du sang me tue. Savoir que j'ai des globules en moi me crible de balles. Quand je me coupe, je capote. Quand je me blesse, je pars en peur. Rouge, ça veut dire menstruations, ça veut dire que je renverse. Mes menstruations, c'est une maladie incurable. C'est une maladie qui va finir par me tuer. Quand je suis menstruée, je suis vraiment malade. Je vomis. Quand je suis menstruée, je suis toute blanche. Ça sort rouge à un bout et vert à l'autre. J'ai l'air du drapeau italien une fois par mois, mais je suis la petite Italie tous les jours quand je baise : tour de Pise et canal de Venise...

22

J'ai su qu'il était mécanicien quand j'ai vu ses mains. Je n'allais pas accepter qu'il me touche avec ses doigts. J'imaginais ma chair orangée mêlée à la saleté sous ses ongles et ça m'écœurait trop.

Je suis descendue avec lui au garage. Il a été un peu surpris de la présence de l'arbre fruitier et, le temps qu'il s'interroge, je m'étais déjà débarrassée du pétale fané qui me sert de robe ajustée pour qu'il voie bien ma pulpe. Je l'ai couché sur le lit et je suis montée sur lui. J'ai mis en branle son système cardiovasculaire en lui mettant mes quartiers d'orange juteux dans la bouche. Dans la mienne, j'ai rapidement senti la pression gonfler son organe. Je pensais au cylindre hydraulique que je n'avais jamais vu dans mon garage. J'en avais maintenant un dans la bouche. Je me suis élevée, en pensée, sans desserrer ma prise de bec. Mon sexe échappait à la succion de sa bouche, mon corps se dressait à la verticale. J'étais bien droite dans les airs et j'ai ouvert les bras et les jambes pour maintenir l'équilibre. Tout mon poids était transmis à son sexe par ma bouche fermement fermée. Son cylindre s'allongeait et je montais encore plus haut avec pour seul filet le contre-filet bien gras de mon garagiste. C'était comme au cirque.

Et pour rendre l'exploit vraiment périlleux, j'ai mâchouillé le mot « valve ». Tous les spectateurs ont dû entendre « vulve » parce qu'ils applaudissaient à tout rompre. Puis j'ai dit le mot « capot » et il a dû entendre « capote » comme tout le monde parce qu'il a aussitôt éjaculé et je suis retombée sur terre.

J'ai du sperme plein la bouche, mais je n'ose pas avaler. Je n'ose plus dire un mot. Je ballotte entre ma langue et mon palais une mer de vie. Chacune des parties de ma bouche, les amygdales, l'épiglotte et toutes les papilles se partagent entre elles les millions de spermatozoïdes alors qu'un ovule sèche dans mon ventre. J'ai des gamètes mâles sur ma luette molle, mais je n'ai qu'un mot en tête et je n'ose pas le dire parce que je ne serai pas comprise encore une fois. Si je dis « uvule », qui ne confondra pas avec « ovule » ? Je voudrais dire « luette », sauf que je préfère « uvule ». Une luette et une uvule, c'est la même chose, mais je ne veux plus parler comme tout le monde. Je ne veux plus appeler un chat un chat, je veux appeler un chat un carnivore digitigrade. Je veux changer les choses en les disant autrement. Je veux que mon uvule se transforme en ovule en la nommant ainsi. Je voudrais avoir un ovule à la place de l'uvule parce que ma gorge est une fosse aux lions et tous les spermatozoïdes se jetteraient férocement sur lui. J'ai des millions de chats sauvages dans la bouche qui veulent dévorer du chrétien parce que tous mes ovules sont chrétiens, catholiques et membres en règle de Pro-vie. Ils vont à la messe le dimanche et durant la semaine ils lancent des bombes sur les cliniques d'avortement. D'ailleurs, lorsque mon mécanicien a finalement éjaculé dans mon ventre, l'ovule qui devait être de faction suivait un cours de maniement d'armes. Je ne serai pas enceinte encore une fois.

J'ai fait l'amour vaginal tout en conservant le sperme que j'avais dans la bouche et je n'ai donc pas pu faire semblant de jouir comme d'habitude.

J'ai du sperme plein la bouche et je n'en ai presque pas avalé. Malgré tous ces chats, je ne me suis pas raclé la gorge de la nuit. Je n'ai surtout pas dormi. Ce matin, je vais aller cracher dans la vitrine d'une clinique d'avortement. Je n'ai plus rien à perdre.

23

Je suis bandante et je n'ai pas le moindre bébé. Ce n'est pas juste. Je connais des femmes qui ne sont même pas belles, qui ne mettent jamais de rouge à lèvres, jamais de talons hauts et qui ont des enfants quand même. Je n'y comprends rien.

Je fais pourtant tout pour avoir un bébé. J'ai même pris la décision avant que ce soit la décision qui me prenne. Mais rien. J'aurais voulu faire partie de ces femmes qui se font prendre, de ces femmes qui ont un accident et qui se ramassent avec un bébé. J'ai de la difficulté à croire qu'une femme puisse avoir un enfant tout simplement par accident. Je suis impliquée tous les jours dans le carambolage monstre qu'est la prostitution, mais pas la moindre bosse... Ce n'est pas juste. Moi, il faut que je me fende en quatre, que je me mette à genoux, et un tas d'autres positions, et je ne suis pas encore enceinte. Je m'écarte littéralement les pattes pour ça. Les quatre. Je suis en croix. Je suis l'intersection du sexe. J'ai quatre clients par soir que je ramasse sur quatre coins de rue différents. Je fais l'amour comme une lumière verte, sans arrêt je veux dire. Je fais l'amour comme une vraie folle.

J'ai la fente aux enchères. Qui dit mieux ? Qui dit miel ? Suis-je une fleur ou une abeille ? J'ai du pollen aux fesses et du nectar à l'aine. Je suis capable d'en prendre, capable d'en mettre, je suis plurielle.

Corolle ou alvéole, je veux être mère.

❏

Je lis tout ce qui me tombe sous la main. J'aime bien le dictionnaire mais ce que je préfère, c'est la Bible. J'ai volé toutes celles qui se trouvaient dans les tiroirs des tables de chevet de l'hôtel. Je me sers de leurs pages pour faire du bricolage. J'en lis une page et je l'arrache. Je m'en fous parce que c'est la prostitution, ma religion. La Bible, c'est mon livre préféré, mais à cause du papier parce que je fais de l'origami. L'origami, c'est oriental, c'est l'art de plier du papier pour lui donner toutes sortes de formes, mais sans utiliser ni ciseaux ni colle. Moi, je tarabiscote des petits bébés. Des tout petits. Ça prend du papier très fin et la Bible c'est parfait. Je refais l'évangile en papier. C'est un message d'amour à ma manière.

Je suis l'Église en quelque sorte. Tous les hommes ne vivent que pour moi et je me crucifie pour eux, les bras et les jambes écartés. Je suis la croix du monde du sexe. Je suis une déesse. Je suis Marie, la blonde de Dieu. La plus belle femme du monde, c'est moi. Je suis une icône. Je suis belle comme une image. Je suis à l'image et à la ressemblance de la Madone. J'ai des grains de beauté un peu partout sur le corps, ce n'est pas pour rien. J'achète *Vogue*, *Elle*, *Vanity Fair*, *Marie-Claire* et j'apprends tout ça par cœur pour plaire. J'ai les cheveux découpés dans un magazine et les yeux photocopiés. Je suis une fille en papier et mon vagin est paginé, c'est mon numéro, comme au cirque. Je suis clownesque, déguisée en prostituée qui n'a presque pas de seins. Je me suis fait avorter les seins quand j'étais petite pour ne pas être obligée de les garder. Je ne voulais pas avoir de complications avec des attouchements illicites comme des accouchements difficiles. Je ne voulais pas que mes seins viennent au monde par césarienne, qu'ils voient le jour à travers de la lingerie en dentelle, qu'ils me sortent de la poitrine par la porte de service et que le premier médecin venu mette les mains dessus. Je ne voulais pas être obligée de subir des examens géologiques en soutien-gorge et que ce soit une sorte de pédologie comme la pédophilie.

Puis j'ai complètement changé d'idée. J'ai même voulu changer de nom, devenir la baronne Dudevant et avoir de gros seins mous, mais c'était trop tard. Vous savez, mes seins, ils ne sont pas si minuscules que ça, sauf que dans le métier la norme, c'est énorme. J'ai des seins raisonnables, mais je veux des seins qui capotent, des seins qui se prennent la tête à deux mains, des seins qu'on enferme parce qu'ils sont fous. Les miens sont parfaitement sains d'esprit et ils n'ont besoin d'aucun support physique ou moral.

J'ai des seins dont le volume est audible au stéthoscope parce qu'ils sont petits et les petits seins, c'est pour les spécialistes. Plusieurs hommes m'examinent et veulent en faire une spécialité. Plusieurs hommes se prennent pour des cardiologues et me diagnostiquent un cœur qui bat à tour de bras quand ils m'enlacent.

Mais ce n'est pas vrai : mon cœur ne bat pour personne. C'est une déclaration de guerre, mon roulement de tambour.

C'est la guerre et je me sens coupable de tous les enfants qui meurent parce que je ne fais rien. Si je donnais la vie en faisant l'amour, je n'aurais plus l'impression d'envoyer à la mort des milliers de petits germes de vie. Chacun de mes coïts explosifs est un crime contre l'humanité.

Je suis l'Éthiopie et la Somalie réunies. J'ai faim. Je n'ai pas une faim de loup, j'ai une faim d'enfant. Mon ventre crie famille. J'ai des millions de spermatozoïdes qui chaque jour crèvent de faim dans mon ventre malgré l'aide internationale. C'est la guerre civile dans mon ventre et l'intervention militaire, je l'ai dans le cul. J'ai la zone occupée par l'armée. Mais rien n'y fait, je crève de faim. C'est la guerre et ce sont les bombardements qui sont nourris. Je vais mourir. Je pense à l'enfant que je n'ai pas et ça me fait mourir. Je vais mourir et c'est vrai. La vérité sort de la bouche des canons lorsqu'on n'a pas d'enfant.

Chaque fois que je veux mourir, la Croix-Rouge se pointe. Ce mois-ci non plus je ne crèverai pas. Je suis encore menstruée...

Mon ventre m'en veut. Mon ventre me fait la gueule avec sa vulve. Mon ventre est en beau fusil, tronçonné au ras de la chambre où ça explose. Je pisse le feu. Quand mon ventre fait la baboune, je me fous de sa gueule en imitant ma vulve avec ma bouche et je fais mouche. Je tète comme une mouche ma nourriture. Je mets du rouge à lèvres pour faire rougir des prépuces. Je les embrasse avec la langue et ça bande par la peau des dents. Je fais l'amour avec la bouche, je ris de mon ventre, mais il s'en fout et ça me coule sur les cuisses comme sur le dos d'un canard.

Je pisse le feu. Je me clarifie le sang en croquant des aspirines comme une épouse qui a la migraine et qui se force comme un bulbe en hiver pour fleurir à l'année. Je croque des aspirines comme du maïs éclaté bien salé et je mets une tonne de beurre dessus pour que mes artères se durcissent et se bloquent complètement une fois pour toutes quand tout mon sang sera évacué. Je ne veux plus jamais être menstruée. Je bouffe des aspirines pour ne pas avoir mal au ventre. J'en bouffe pour ne plus jamais avoir mal. Je remplis le bain et j'en dissous des centaines dedans et je me fais tremper comme une rose.

Je suis en fleur mais je suis une fleur coupée.

24

J'ai fondé mon propre institut psychiatrique. J'ai ouvert une aile à l'hôtel, comme un oiseau blessé. Si l'homme peut voler, moi je vais pondre. J'ai fait publier une offre d'emploi dans le journal pour un poste à temps partiel. Malade mentale cherche psychiatre. J'ai convoqué en entrevue tous ceux qui ont écrit. J'ai dit « tous ceux » parce que j'ai fait de la discrimination sexuelle en masse. Ce poste ne s'adresse qu'aux hommes. Des femmes ont appelé pour se plaindre. Je ne les ai même pas envoyées se faire foutre pour être la seule à me faire pénétrer professionnellement. Je veux avoir le plus de sperme possible en moi.

J'ai convoqué les candidats ici même à l'hôtel, dans une chambre. Ils étaient tous un peu étonnés et attentivement scrutés, pas à la loupe mais presque. Je les dévisageais de haut en bas par le judas avant de leur ouvrir. Je les ai tous débauchés, mais je n'ai embauché personne.

Mon département des ressources humaines était dans le jus, littéralement débordé lorsqu'un autre candidat a frappé à la porte. Je venais d'en rencontrer trois et j'ai décidé de ne pas lui ouvrir tout de suite, le temps d'aller essuyer les curriculum vitæ qui coulaient le long de mes cuisses. Je suis revenue à la porte et j'ai vu qu'il s'éloignait. Je pensais qu'il s'en allait, mais il se donnait un élan pour défoncer la porte. BADANG ! Comme j'avais l'œil sur la lentille, je me suis ramassée sur le carreau, le visage tuméfié. Je l'ai embauché sur-le-champ. Je le trouvais drôlement culotté pour un cordonnier mal chaussé et, avec un psy fou comme ça, j'étais certaine de guérir. On allait s'en sortir, il m'en avait donné la preuve, aucune porte ne pouvait bloquer son passage.

Il n'était pas sitôt entré qu'il me sautait dessus, croyant me violer. Il me franchissait l'entre-jambes, mais c'est l'entrevue qu'il passait. Je l'ai embauché sans discuter. Il venait tout juste d'éjaculer que déjà j'en redemandais. Il avait répondu à tout sans que je pose une seule question. J'ai fait la dure d'oreille et je lui ai dit que je lisais sur les lèvres, mais que j'apprécierais s'il pouvait me répéter ça par écrit. Il savait taper à la machine, c'était facilement du cent mots/minute. Je vous dis que c'était du retour de chariot, les coups de reins qu'il me donnait! Ça faisait mal. À chaque coup, j'entendais la petite cloche dans ma tête comme une grosse Underwood. Je vous jure, je n'avais pas vécu ça depuis l'invention de l'ordinateur personnel.

Quand ça fait mal, au moins ça fait quelque chose.

❏

Je voudrais me faire faire un bébé avec plaisir. Je voudrais qu'on me demande de faire l'amour pour que je dise «oui avec plaisir», comme pour rendre service. Je sens que si je me fais inséminer, je vais jouir. L'orgasme vaginal sera pour moi un signal de maternité. Jouir, ne plus être en bois. Mais flotter.

Je voudrais faire l'amour avec un vrai gars avec un vrai pénis courbé comme une longue arête. Je voudrais tomber en amour dans l'eau douce avec un vrai poisson avec de vraies branchies qui disent «je t'aime» pour que je comprenne, le genre de poisson qui respire sans me les gonfler. Je suis tannée de surveiller ma ligne pour des requins de la finance, tannée de sauver ma peau, tannée d'être une femme qu'on pêche et qu'on paie cash. Je ne veux plus faire la femme d'hommes d'affaires, la secrétaire, la femme où sécréter. Je ne suis pas un cadeau bien enveloppé, ni un passe-temps avec un entre-jambes, je ne suis pas un jouet en bois laqué, un bilboquet qu'on transforme en corde à danser.

Je veux devenir une femme d'affaires, une vraie. Je veux devenir gestationnaire. Je ne vaux rien en calcul, mais je veux me faire fructifier quand même. Je veux un petit enfant comme on reçoit un dividende. Je veux devenir riche d'enfants. J'en veux des millions à moi toute seule. Je veux posséder une garderie qui rapporte dans le sens où mes enfants font des petits. Je veux avoir une grande famille à plusieurs succursales, une entreprise vraiment familiale.

25

Je suis une prostituée et je devrais m'enticher d'un fantôme qui m'inventerait, en me touchant, des formes que je n'ai même pas, un fantôme avec un amour si grand que les gestes dépasseraient de ses mains. Il m'écrirait des mots dans le dos avec ses doigts chauds en même temps qu'il me ferait des choses entre parenthèses pour que je comprenne tout. Il me ferait l'amour sans jeu de mots. L'amour pas pour rire. Je saurais enfin c'est quoi. Je l'aimerais pour en avoir le cœur net et l'amour propre. Je serais bien, je serais belle, je serais prise. Prise, éprise et prisée. Moi la folle raide je l'affolerais et on ferait l'amour et peut-être la vie.

J'ai besoin d'avoir des bras autour de moi. J'ai besoin qu'on me serre. Être entourée, cajolée. J'ai besoin d'être le centre d'un univers, mais ce n'est plus possible. J'ai trop grandi, trop pris d'expansion. Mes galaxies et mes noix lactées se sont formées, mon trou noir aussi. Ce que je suis maintenant, c'est un univers à part entière. Je suis toute noire, j'ai l'espace vide. Moi, je veux une planète bleue au centre de ma vie. Une planète qui vit. Je ne veux pas d'un soleil autour duquel tout tourne, je veux une planète bleue comme pivot. Comme avant Copernic, comme quand la Terre était le centre de tout. Comme au temps de Galilée quand l'Église catholique s'occupait de ses oignons en épluchant les traités de physique. Je veux avoir une Terre nouvelle sans télescope pour la découvrir, sans satellite pour l'enlacer. Une Terre à l'âge de pierre, le feu dans les yeux. Une Terre jeune, un corps céleste, une beauté fatale, mais sans capitale, sans points noirs sur son visage. Je la veux jeune et belle. Sans New-York malpropre, sans Paris gris, et le Vatican mort dans l'œuf dans Rome en feu.

Joseph

26

Aujourd'hui, c'est le 14 février et, comme toujours, le 14 février, je tombe tout spécialement en amour. Je fais l'amour une heure et c'est l'amour de ma vie. Je n'aime pas à moitié, quand je plais, c'est au complet.

J'ai eu plusieurs hommes dans mon lit mais un seul dans ma vie, c'est Joseph. Je l'appelle Joseph parce que mon nom c'est Marie et que l'immaculée conception, c'est ma spécialité. On refait l'amour, toute la journée, vingt fois presque. C'est certain que je vais être enceinte : j'ovule. Je sens les bulles dans mon ventre. L'ovulation, c'est ma méthode champenoise ! Je fête. Je fais l'amour, refais l'amour et comme ça je vais pouvoir redonner naissance à Jésus et lui donner une seconde chance de sauver le monde parce que cette fois Il sera riche, parce que moi je vais être pleine aux as. Je gage que je vais avoir un bébé et je vais gagner mon pari et l'argent va me sortir par les oreilles. Tout est si simple, si beau, facile. Je vais accoucher à Paris, rien de moins, à l'hôtel

Georges V même. Ça va être la fête, la rumba. Noël presque. Je vais acheter des ballons et des rubans, des clowns et des Beatles. Être enfin heureuse. Je vais avoir un cadeau. Un beau petit Jésus rien qu'à moi. Un bel enfant de chœur comme à la messe de minuit. On va veiller longtemps, on va se coucher tard. On va fêter, boire du champagne brut et refaire le monde aussi sec. On va planifier quelque chose à mon petit Jésus, un programme électoral, une campagne marketing, n'importe quoi. On va parcourir le monde en portant son message. On va changer le monde, en faire un meilleur, un monde sans vaisselle à faire. On va lui acheter un porte-voix et distribuer des tracts. On va faire de la pub et on va voir ce qu'on va voir. Sa photo sur tous les poteaux.

27

Avant l'amour n'existait pas. Joseph et moi, nous l'avons fait ensemble. Nous avons crié l'amour en créant Jésus. Nos caresses ont écrit son message. L'amour existe enfin. On l'a inventé de toutes pièces. On s'est mis les mains partout, nos corps en engrenage, inexplicablement comme une invention de Vinci. Maintenant j'aime. Je ne fais plus l'amour : j'imagine. Son sexe, c'est quelque chose dans ma tête et c'est fou ! Je n'embrasse pas Joseph, je l'embraille, je mets les doigts dans chaque pore de sa peau pour lire que l'amour est aveugle et qu'une seule caresse vaut tous les yeux doux du monde. Je l'embrasse à pleine bouche, sa salive chaude coule sur moi. On sexualise. Je suis un rideau de douche en sueur, une longue langue trempée. Nos papilles gustatives s'entre-goûtent. Nos langues en chaleur sont une sauce et on se mange. Nos longs bras se mêlent comme des pâtes cuites. On se mange vraiment. On apporte nos corps à nos bouches avec nos bras comme si on mangeait du chinois avec des baguettes pour étirer le plaisir jusqu'en Chine.

C'est lorsque je fais l'amour que je parle vraiment. J'ai vraiment un langage quand j'ai une langue dans la bouche. Autrement je suis muette. Je n'ai rien à dire. Quand je ne fais pas l'amour, je ne suis ni un homme ni une femme. J'ai vraiment un sexe quand j'en ai un dans le mien. Sinon je ne suis rien.

On fait l'amour comme le Saint-Esprit si vous voyez ce que je veux dire. Je lui fais une fellation, nom d'une pipe ! J'agrippe son pénis. Je le mets dans ma bouche et je le tords, je l'essore. Je suis un étau à ma manière. Je suis une clé à molette avec mes molaires. Son pénis est une vis en métal et ça fait du mâchefer quand je serre trop fort. Mes plombages... et j'avale.

J'aime ça sucer Joseph. C'est vulgaire mais c'est ça. Je mets son pénis dans ma bouche et je succionne. C'est moins vulgaire mais c'est le fun quand même. Je ne mâche pas mes mots. Je ne mâche rien, j'avale.

Reproductivement parlant, la fellation est sans conséquence. Aucun spermatozoïde ne manifestera jamais la moindre attirance même pour la plus ravissante des amylases, ces délicieuses enzymes regroupées en harem dans la salive. Pour devenir enceinte, on ne revient pas là-dessus, il faut que le pénis, s'il doit taper sur quelque chose, tape sur le col utérin et non sur la luette. Je veux bien consentir à m'en mettre sous la dent, mais le but ultime de la démarche sexuelle est la création de la vie. Et ça se fait par le ventre.

Avaler du sperme, c'est n'en faire qu'à sa tête.

Je dévore et dévale son sexe en pente. Quand Joseph est dans ma bouche comme une souche, je le déracine. Je l'arrache de la terre, les jambes en l'air. Je grignote, ronge, mange, mord et mordille. Ça lui coupe le souffle comme si mes dents étaient cent. Tralalalalère sur la queue leu leu. Du bon travail de rongeur... Je suis la lapine qui équeute la carotte, la castreuse, femelle du castor, qui gruge le tronc de l'orme qu'elle aime. Je suis une *écureuille* avec deux ailes, la femelle de l'écureuil volant. Je suis la sainte nitouche, une touche-moi-pas, femelle du polatouche, et je déguste son gland. Je l'enveloppe dans mes bras palmés pour ne pas en perdre une graine, je ne gaspillerai pas une seule goutte de son sperme.

Joseph éjacule dans ma bouche et j'avale. Je veux avoir l'aspirateur central. J'ai du sperme partout dans la tête, mais mon ventre, lui? J'espère que le sperme va emprunter le bon conduit pour aboutir à l'utérus. J'en veux partout de ce liquide. J'en redemande pour me faire une pommade, mais Joseph n'est plus capable. Je me serais fait un masque pour être encore plus belle, pour avoir la peau plus douce et qu'il ne puisse plus se passer de moi. Je veux que Joseph m'aime.

Je veux qu'on se marie. Je veux me marier parce que je m'appelle Marie et mon nom le dit. Je veux qu'on se fiance en blague en vue d'un mariage civil. Je ne me marierai pas devant Dieu tant que je n'aurai pas accouché de son fils. Quand je dévalerai l'allée centrale d'une église, ce sera main dans la main avec mon bébé. J'aurai la preuve de l'existence de Dieu quand je sentirai son peuple traverser ma mer Rouge.

En une seule journée, je mâche à Joseph plus de «je t'aime» la bouche pleine qu'il a dû en digérer durant toute sa vie de manière si impolie. Je lui dis à la bonne franquette que je veux passer ma vie avec lui, avoir un enfant avec lui, que je ne vais rien lui charger s'il dit oui, mais que je vais le prendre dans mes bras comme un cadenas s'il dit non. S'il dit non, il va devoir me pénétrer mille fois avec son passe-partout pour que je débloque. Pour que je desserre mes deux arceaux, Joseph va devoir me faire l'amour jusqu'à ce que ma tête tourne de jouissance comme la roulette d'un cadenas à numéros. Si je jouis, je saurai qu'il m'a fait un bébé. Ce qui est, en quelque sorte, ma combinaison.

28

C'est le 14 février de l'an 1 et je suis en amour comme jamais. Ce n'est pas vrai. Je suis en amour comme toujours. Je me vois dans son lit pour la vie. Toutes les belles rimes des grands amours résonnent dans ma cloche. Ça y est, je suis maintenant un clocher, complètement sonnée. Je suis la spectatrice tintinnabulante des mariages qui titubent. J'imagine plein de choses encore. Je pense que Joseph m'aime, mais c'est dans ma tête. Je le porte dans mon cœur et il me porte à porte, point. Pour lui aussi je suis juste un numéro, rien qu'une boîte à lettres, un moulin à paroles les jambes en l'air.

C'est le 14 février et on est dans un restaurant beau comme de beaux draps. Je le vois venir comme s'il allait jouir. Il va me faire le coup classique, le coup de l'amour imposable, de la taxe sur le sexe et du bonheur hors de prix. La Saint-Valentin, c'est la fête des cupidons cupides aux diaboliques flèches tricuspides, la fête des Robin des fleurs qui volent aux amoureux pour donner aux sans-cœur. Je connais ça...

C'est le 14 février et Joseph m'invite, mais c'est moi qui vais payer, je le sens. C'est pourquoi je ne lui laisse pas de chance et je lui offre d'emblée une douzaine de roses rouges avec un sourire en bonne et due forme comme une bonne et dure femme. Juste pour le mettre mal. Je l'aime au vu et au su de tous dans un resto très français. Je mange un steak aux poivres très piquant pour me brûler la langue et très saignant pour remplacer la jutosité de nos french-kiss outrecuidants cuits bleu. Rien à faire, rien ne remplace la chaleur de sa bouche. Je me souviens de tous les mots d'amour qu'il m'a dits comme s'il avait mordu dans ma chair. Mais ce n'était que des paroles et je n'ai pas saigné. C'est ma mémoire qui est meurtrie.

Je regrette d'avoir pris un steak aux poivres. J'aurais dû commander un simple sandwich, un croque-monsieur ou un smoked meat, n'importe quoi avec du pain, quelque chose qui se mange avec les mains. J'ai le goût de lancer mon couteau et ma fourchette. Ça devient dangereux. Je n'ai plus faim mais je bouffe Joseph des yeux. Joseph a peur et ne parle pas. Moi, j'évoque notre journée passée ensemble comme s'il s'agissait d'une longue amitié, comme si ç'avait été gratuit. Mais je vais tout lui facturer au tarif horaire régulier : mes seins, mon cul, mes caresses, mon vagin, tout, plein prix, les taxes, le service et le pourboire compris. Et ce, même si je l'aime comme Crésus. J'empoche, mais pas comme un kangourou et ça me rend folle.

C'est le 14 février et c'est la Saint-Va-t'en-loin !

Si on avait été mariés, on aurait divorcé d'urgence au palais de justice. Mais on n'est pas mariés, alors Joseph me coupe les ponts. Pour m'annoncer la bonne nouvelle, en versets s'il vous plaît, pour me réciter mon nouveau testament — j'ironise parce que je sens que je vais en mourir —, Joseph m'a emmenée prendre un souper bien payé arrosé de vin qui a bien vieilli pour me tourner autour du pot que toute belle chose a des seins, que toutes mes poses ont du chien, que toute bonne dose fait du bien. Ce qu'il faut que je comprenne là-dedans, c'est que toute bonne chose a une fin. Il aurait pu me le dire simplement, mais non. Il m'a tarabiscoté ça comme un borborygme. C'est avec la dernière gorgée qu'il m'a craché le morceau et il m'a semblé tout à coup que le vin qu'on venait de boire avait été imbuvable à retardement. En fait, c'est notre amour qui est maintenant complètement bouchonné et qui remonte l'œsophage, qui retourne à sa source, contaminant tout sur son passage. J'ai la nausée. Tout ce que j'avais cru à jamais embouteillé en moi est gaspillé, perdu.

Il casse, et je craque.

Ça y est, maintenant je suis une bouteille. Une bouteille vide. Je suis en vitre. Je suis toute verte, pleine de rouge. Je suis malade. Je ne suis pas morte et je vais mourir. Je suis vide. Je suis complètement siphonnée. Je fulmine. Je suis pleine de vin qui sent le bouchon. Je suis finie. Ma tête est un bouchon. Ma tête sent le sang, ma tête sent la mort. Je suis froide, je suis en verre. Je n'ai aucune émotion sans saignements. Bonheur ou peine. Je veux mourir de rire et que ce soit cardiaque. Je me force pour rire comme un ventricule en crise. C'est la Saint-Valentin comme jamais. C'est sanglant. Il y a des cœurs et du rouge partout. C'est mourant. Un vrai carnage. Et pour que je m'écarlate la rate encore plus, je commande du Cordon Rouge...

Je meurs littéralement.

Après le souper, même si j'en avais mortellement envie, on n'a pas couché ensemble pour la simple et bonne raison que tous les amoureux du monde sont en train de faire l'amour ce soir. Mais pas nous. On dort tranquillement chacun pour soi, chacun chez soi pour éviter les clichés. C'est déjà beau qu'on ait passé la soirée ensemble. C'était pour rire rouge. Je ne ris pas jaune quand j'ai mal, je ris rouge. J'ai bouffé avec Joseph pour prouver que mes lèvres sont capables de prendre des bouchées doubles et que c'est possible pour moi de ne pas l'embrasser la bouche grande ouverte. Peu d'activités buccales pour moi ce soir. Je ris, c'est tout. Je montre les dents, sans plus. Je ravale salive et désirs et je m'en mords les doigts.

Ça saigne.

29

J'ai appelé mon psychiatre, c'est une urgence. Des synapses et des zygotes ne se font plus dans ma tête ni dans mon ventre. Mon psychiatre, c'est mon conducteur : son anode indique le nord. Vive l'électrochoc ! Je vire complètement folle sans son intervention. J'ai besoin de ses électrodes, de son positif bien sûr, mais aussi de ses deux négatifs qui m'écrasent sauvagement les seins. Son corps me charge. Traitement-choc et prise de terre. Mon psy me pénètre sauvagement. Il me balance de tels coups avec ses reins que je recule un peu chaque fois. Je me déplace au sol lentement comme un glacier. J'ai tout son poids sur moi, tellement que ma colonne vertébrale trace une raie dans le béton comme les pylônes sillonnent les forêts. Je retourne à ma source, au grand barrage dans le grand nord. Je suis une femme d'électricité en panne d'identité.

30

Tous les hommes avec qui je couche, c'est Joseph. Je couche toujours avec Joseph. Joseph, c'est l'homme générique. Joseph, c'est le père parfait. J'ai toujours Joseph en tête. J'étouffe sans lui sur ma touffe de poils. Chaque fois que je baise, je pense à lui. C'est toujours son sperme qui m'inonde. Ça va être Joseph le père de mon enfant. Ce n'est pas vraiment lui qui va le faire, mais c'est lui qui va l'aimer. Joseph est dans ma tête tout le temps et par l'entremise de l'esprit c'est lui qui va lui apprendre à parler, à marcher. Tout ce que je vais faire pour mon enfant, c'est par lui que je vais le faire.

Mon bébé, c'est Dieu qui va le concevoir. Dieu ou le Saint-Esprit, peu importe, pourvu qu'il me baise et qu'il se pousse. Mon bébé, ce sera le fils de l'homme, le vrai, le fils du soldat inconnu avec l'érection de son vivant d'un monument: mon bébé à moi! J'aurai les jambes écartées comme l'Arc de triomphe pour qu'il se souvienne en passant par là de tous ceux qui sont morts en moi et qui l'ont un peu créé. Mon fils sera le fils de l'homme, le descendant d'une race qui paie pour l'amour. Sa mission sera celle de tous les enfants de pute: aimer. Mon fils s'appellera Jésus et il sera menuisier comme l'était son père et si c'est une fille elle s'appellera Jessusse et c'est moi qui lui montrerai le métier.

Je vais me le fabriquer toute seule mon bébé. Il n'y a rien à faire, je ne jouerai plus jamais à l'amour. Avec personne. C'est fini. Je le décide, je le déclare et le déplore, je le digère et le rédige : je n'aimerai plus d'amour au sens large. Je veux dire démesurément. C'est trop pour moi. Je vais m'aimer moi. Je vais lire *Ces femmes qui aiment trop* chez Stanké, *Le rapport Hite* chez Laffont, et tous les trucs de femmes aux Éditions de l'Homme. Je vais m'aimer moi. Fini, la baise king size. Je ne ferai plus l'amour comme du théâtre. Je vais le jouer toute seule mon bébé en un acte. Je me masturbe. Je m'organise les organes comme on dit. Je me masturbe jusqu'à ce que vie s'ensuive. Je fais l'amour sans queue ni tête. Je me fais l'amour avec le pouce, rubis sur l'ongle, semence précieuse. Je me fais l'amour avec le pouce, petit clou à tête, semence plantée.

Je crois dur comme fer que je vais avoir un bébé.

Faire feu

31

À défaut de faire un enfant, j'ai fait une banque. Paris ne s'est pas fait en neuf mois, mais une banque, ça prend cinq minutes. J'ai braqué mon flingue acheté chez Francjeu sur le caissier — c'est fou comme les jouets ont l'air vrai de nos jours — et je lui ai fait un petit sourire comme seul Jack Nicholson et moi sommes capables d'en faire pour bien lui montrer que je ne plaisantais pas parce que je m'étais déguisée en homme et j'avais l'air drôle. Même le gardien de sécurité à l'entrée avait ri dans sa barbe. Comme ça : HO HO HO HO comme un père Noël en uniforme. De la porte à la caisse, il avait eu le regard à ma remorque, les yeux croches tellement j'étais louche. Le père Noël armé a été le deuxième, je crois, après le caissier, à réaliser ce qui se passait. Le gros barbu s'est amené à la course et quand j'ai vu qu'il allait passer devant toutes les honnêtes gens qui faisaient la file en serpentin depuis plusieurs minutes, j'ai tourné mon arme vers lui et j'ai tiré. Vous ne pensiez tout de même pas que j'allais réellement braqué une banque avec un 38 en plastique!? Le gardien, en tout cas, il a pris mon coup de feu pour du cash. À le voir tomber, on aurait juré que ce gars-là avait été cascadeur toute sa vie. Je ne sais pas s'il est mort parce que je ne suis pas restée jusqu'à la fin du film. C'était le *Rocky Horror Picture Show*, comme. Tout le monde criait dans le cinéma. J'ai pris l'argent et j'ai filé.

Quand c'est trop grave, je mêle tout et j'en mets. Je dédramatise en scénarisant. Ma réalité, moi, c'est comme un téléfilm. Mon vol de banque, c'est de la télévision payante.

En sortant de là, j'ai changé mon fusil d'épaule et je suis redevenue une femme. J'ai enlevé ma fausse barbe et ma vraie cravate et j'ai foncé direct à l'hôpital. J'avais enfin l'argent pour me faire faire un bébé qui coûte les yeux de la tête, parce que le sperme dans les yeux, c'est la mauvaise place pour ce genre de placement.

Je suis montée au bureau d'un vrai médecin pour qu'il me fasse un enfant. Je ne lui ai rien demandé personnellement. Je ne voulais pas qu'il couche avec moi, je voulais seulement quelque chose de manuel, rien de vaginal, un truc purement artificiel. Une sorte de bouche à oreille avec la science, parce que sexe contre sexe, c'est le silence dans mon cas. Mais ce n'est pas si simple que ça, il y a l'interrogatoire. Le médecin m'a posé un tas de questions qui m'ont touchée, comme une fouille, jambes écartées et mains au mur. Il voulait savoir si j'étais armée. Ce n'est pas mon 38 qui l'intéressait. Être armée, pour lui, ça veut dire être armée pour affronter la vie. Ça veut dire avoir un homme, un père pour l'enfant, avoir un foyer, une vraie maison qui peut brûler. Je n'avais rien de tout cela, je n'étais pas armée pour la légitime défense dont il me parlait. Je l'ai tué. Seulement dans ma tête parce que, pour vrai, il aurait tiré plus vite que moi. J'étais en joue depuis le début. J'avais peur qu'il déploie contre moi tout l'arsenal sur son bureau. Les photos de famille trente-cinq millimètres, pleines d'enfants, étaient braquées sur moi, tout en couleurs prêtes à faire feu. Il était armé jusqu'aux dents, ce médecin, des grenades de bonheur plein la bouche. Lorsqu'il a souri, avant que je parte, il a failli toutes les dégoupiller. Ce jour-là, j'en suis sûre, je suis passée près de mourir.

32

Tous les moyens sont longs comme on dit pour avoir un enfant. Dans le meilleur des cas ça prend neuf mois, mais moi j'en veux un et vite.

Il faut que j'aie un enfant. Il le faut. L'autobus en moi capote. S'il y avait des passagers dedans, ça sortirait par les fenêtres. Moi, mes enfants me sortent par les yeux. Je deviens folle et j'imagine n'importe quoi. Au lieu que les choses entrent en moi par la porte, elles me sortent des yeux. Je fais de la projection. Il y a des images dans ma tête que je n'ai jamais vues entrer, qui se sont faufilées sans billet. J'ai des choses clandestines dans la tête. C'est l'imagination, j'imagine. Il faut que j'aie des passagers qui paient pour que je puisse arriver à la fin du mois. Je ne veux plus faire la navette gratuitement. Je veux arriver à la fin de ce mois-ci. Je veux faire l'amour et avoir des résultats. Je veux avoir l'état des résultats. Être enceinte.

Je voudrais n'être qu'une danseuse topless et danser du ventre tout simplement. Balancer mon corps comme on balance un compte. Je me suis prostituée et ça n'a rien donné. J'ai fait l'amour comme on fait faillite. Des testicules qui crachent leur sperme dans mon ventre, c'est bel et bien un crash boursier. Je suis dans le rouge et être dans le rouge, c'est de la folie. Je suis pauvre dans la tête. Ça dépasse les marges de crédit. L'infécondité me rend folle, plus folle que jamais. Au fond, je n'y crois pas à cette fausse stérilité. C'est dans la tête que je ne peux pas avoir d'enfant, ce n'est pas dans mon ventre. Mon vrai ventre, c'est ma tête. C'est dans la tête que flotte mon fœtus. C'est dans les tripes que je suis folle.

33

Je ne fais plus l'amour, ça ne sert à rien. Je ne fais plus l'amour, je fais l'enfant. Je suis gâtée pourrie. J'ai toujours eu ce que je voulais quand j'étais petite et maintenant que je veux un enfant, je ne peux pas en avoir, alors je fais ma crise, je fais ma folle.

Je suis femme pour rien. J'ai gâché ma vie. Quand je pense que j'aurais pu être un homme! Une chance sur deux et je suis passée à côté. De toute façon je suis presque un homme, vous ne trouvez pas ? Ne regardez pas mon corps, jetez un coup d'œil dans mes yeux. Je suis un homme. Quand j'ai reçu ma première claque en pleine face, j'ai donné mon premier coup de poing dans le ventre. C'est ça, être un homme. Je pensais être devenue une femme la nuit où j'ai fait l'amour pour la première fois, mais non. Je n'ai jamais été une femme, même pas ce soir-là parce que je n'ai pas eu peur. De beaux petits seins, de belles longues jambes et un cul, mais c'est surtout lorsque je tape sur la gueule que je fais tourner les têtes. Je suis presque féminine.

J'aurais dû laisser tomber tout de suite, ne jamais porter de soutien-gorge et avoir les boules basses, les laisser pendre. Si j'avais été laide, personne n'aurait voulu de moi et je n'aurais pas eu besoin de mettre les hommes à leur place entre mes jambes. Je n'aurais pas besoin de faire sans arrêt des passes comme une passoire avec de nouveaux petits tamis qui te ressassent la solitude comme s'ils allaient y trouver de l'or.

Tous les hommes sont des écumoires, des écumeurs, des loups de mer et je les mets tous dans le même bateau de guerre et je le torpille. Tous les hommes naviguent en solitaire sur des embarcations gonflées, ramant avec des épées, à la recherche du plaisir. Ça se donne des airs de bateaux de plaisance avec leur grand mât dont tout dépend. Je suis entourée de bateaux à voiles. Moi, je ne suis plus une gondole ni une guidoune. Je ne suis plus un chalutier avec mes bas de soie, mes jambes sans poils ne sont plus des bancs de poissons convoités. Je ne suis plus une marie-salope, c'est fini! Je suis de glace maintenant. Mes petits seins, c'est la pointe de l'iceberg et plus bas c'est mon vagin et ça hante les marins la nuit.

Je suis couchée sur le dos. Je tiens mon bloc de ciment à bout de bras et je le laisse tomber sur mon ventre plat comme une eau calme. J'aurais voulu qu'il coule en moi comme on coule du béton, mais non. Ça saigne. J'ai mal au ventre, mais au moins c'est pour quelque chose. Le bloc sur le ventre, j'ai enfin une assise solide. Je vais construire un pont, un pont énorme sur lequel il y aura des maisons. Ce ne sera pas un pont qu'on traverse, mais un pont qu'on habite. Je vais construire un quartier de Venise sur mon ventre. J'ai déjà en moi des centaines de pilotis qu'ont plantés autant d'hommes sur la construction. Je suis clouée. Ce bloc de béton m'écrase. J'ai l'impression qu'il me pénètre comme un sexe en mortier qui se durcit au contact de l'eau dans mon ventre. Je ne tiens plus en place dans mon lit. J'ai besoin de lest pour y rester. Je prends le bloc dans mes bras pour m'endormir. Je le prends pour un enfant, on se berce ensemble. Si je ne l'ai pas sur moi, je roule en bas du lit. Je suis trop ronde. Mon vagin, ma tête, mes seins, tout est rond, sauf mon ventre.

34

Je veux devenir un homme. Je veux avoir la meilleure raison du monde de ne pas avoir d'enfant. Je veux enlever toutes ces robes qui me collent à la peau et les remplacer par des pantalons serrés qui mouleront bien l'organe mâle qu'on m'aura cousu. Je veux avoir un pénis, un sexe épinglé. Je veux être un fantôme d'homme avec un pénis fétiche. Mon porte-bonheur dans mon cache-sexe. Je veux devenir un homme. Je veux me changer tout d'un coup en couturier et créer ma propre garde-robe d'un océan à l'autre et faire des vêtements à perte de vue, à s'arracher les yeux, des robes si petites qu'il faut les prendre avec des pincettes et les porter avec des gants longs pour ne pas être complètement nue.

Si je devenais un mâle, je serais homosexuel. Je serais marginal, je garderais une boucle d'oreille et l'autre trou se boucherait. Tous mes inutiles orifices se fermeraient tout seuls, ou avec mon aide. Si la fonction crée l'organe, j'imagine que son inutilité l'élimine. Sinon je m'en occuperais. Je ne me ferais plus pénétrer de front. Je ne serais plus une femme, je serais couturier. Je pourrais coudre les plus belles vulves du monde et faire des parades de mode avec rien. Tous les mannequins seraient nus, la vulve et les seins, au vu et au su. De la haute couture et de la grande opération. Je découperais de leurs poitrines une aréole que j'épinglerais sur leur tête avec une couronne d'aiguilles. Des nimbes pour mes nymphes. Mannequins auréolés et couventines olé olé promues au grade d'ange et gratifiées d'ailes blanches, prêtes à s'envoyer en l'air, à faire la guerre. Mes saintes sœurs vraiment synthétiques m'appelleraient Saint-Michel-Archange un peu comme Yves Saint-Laurent. Saint-Michel-Archange, dévêtez-nous pour le combat! Je leur ferais faire du strip-tease en coulisses et je les enverrais sur scène toutes nues pour qu'on applaudisse comme des éclats d'obus. J'enverrais ces femmes au front sans le moindre scrupule présenter ma collection automne-hiver, ma splendide collection maternité impossible. J'en ferais voir de toutes les couleurs. Des femmes cousues de toutes pièces. De belles filles avec des vagins hermétiques comme pour l'hiver. Des femmes en chaleur zippées jusqu'au cou. Fini, les femmes qui gèlent. Je vais coudre tous les vagins. Je ne veux plus qu'on les enfile comme des camisoles de force. Fini, les viols. Je vais coudre tous les vagins. La blessure dernier cri.

35

— Joseph...

Quand je te parle, Joseph, je chuchote, je susurre pour que tu approches, que tu tendes l'oreille et WAAAAAAAAAH! Je crie pour que ça fende. Je veux ta peau, Joseph. Je crie à tue-tête. Je vais te percer les tympans avec des cris ressemblant tellement à des broches à tricoter que ton cortex, on pourra s'en servir comme du phentex. J'ai du piquant pour toi, je vais t'en mettre plein la gueule. Je te prépare une bouffe mexicaine au tabasco et une chinoise avec des baguettes. Je vais concocter pour toi un menu d'avaleur de sabres. Je vais t'empaler à la baïonnette, te bourrer au refouloir. Je vais te nourrir à mort. J'ai le goût de t'enlever la vie par petits bouts, le goût de t'étrangler lentement pour que tu têtes bien chacune de tes dernières bouffées d'air. J'ai le goût de te donner la mort au biberon, goutte à goutte.

Je te casse les oreilles mais tu n'es pas là. Alors je t'écris, Joseph, je t'écris petit petit petit. J'écris de façon minutieusement lilliputienne pour que tu t'arraches les yeux littéralement. Si je pouvais te les arracher moi-même, je le ferais. Je n'ai pas froid aux yeux avec mes lunettes de laine. Je suis folle, tu sais. S'il n'y avait pas ce papier entre nous deux, tu aurais les yeux crevés par mon crayon de plomb. Tu aurais les frappes de ma machine à écrire enfoncées dans la peau jusqu'à l'os tellement je tape fort pour que tu comprennes, pour que ça te fende le crâne en deux parties égales, comme si je tenais une hache et que cette hache t'envahisse la tête comme le H dans *je tahis*. Je tahis mortellement. Et si je pouvais faire encore plus de fautes, des fautes dégueulasses comme des cœurs qui pompent la vie à ciel ouvert comme des volcans éventrés par des bombes bandantes qui éjaculent, j'en ferais sans arrêt. Pour chaque faute, une fête. Ton corps en feu d'artifice.

… je vais te tuer.

36

J'ai sillonné la ville longtemps avant de le croiser. Je suis retournée mille fois à l'endroit où je l'ai connu. Jamais personne. Personne nulle part. J'ai habité une ville fantôme jusqu'au jour béni où il s'est finalement manifesté.

Quand Joseph m'apparaît, je ne perds pas une minute et je l'invite chez moi à notre mariage mais il refuse aussitôt. Il fait semblant de ne pas me reconnaître. Je vais lui faire semblant pour vrai, moi ! Je fais semblant que j'ai cent balles blanches dans mon flingue ! Je fais semblant de lui faire lire par le trou du canon les lettres de son nom hypothétiquement gravées sur le projectile qui tient lieu ici d'enveloppe préadressée. Un faire-part qui fait peur. Le genre d'invitation qui ne se refuse pas…

On va célébrer notre mariage et ça va être ta fête, mon beau Joseph. J'ai mis des ballons sous mes dentelles pour avoir les seins comme des chandelles. Je suis allumée. J'ai l'air d'un gâteau et je veux que tu me manges. Je veux que tu me fasses mon enfant. J'ai l'air d'un gâteau, mais je veux être un gâteau des rois. Sois mon roi mage comme dans crèmage. Fourre-moi, mets-moi au four. Fais-moi l'or, l'encens et l'amour. Que ce soit beau, que ça sente bon. Je veux que tu déposes une petite graine en moi pour que j'aie un jour un royaume, un domaine plus vaste qu'un désert. Sois mon liquide, Joseph, verse en moi ton eau et ton lait mélangés. Mouille-moi ! Je suis un gâteau sec mais tu vas m'exciter, Joseph, et je vais mouiller ma petite culotte comme il faut pour qu'elle me colle à la peau et que tu mordes à l'appât. Je vais te mettre l'eau à la bouche, mais c'est moi qui te cracherai à la figure. Succombe, Joseph, que ta queue se gonfle. Regarde bien mon bulbe et bande. Mets-y les dents et pince mon perce-neige comme un point noir pour faire sortir mon pistil comme une pustule. Aspire avec ta bouche ma sève vénérienne et fais-la fleurir en toi. Ramifie-moi dans tes veines.

Joseph m'enlace. C'est l'amour de ma vie. Il se penche comme Narcisse pour se voir et s'écouter dans ma vulve miroir avec sa langue laser pendant que je me charge comme une culasse de sa douille à couilles. Joseph me mange comme une table d'hôte les pattes en l'air, buffet de fruits de mer à volonté qu'est pour lui mon corps renversé. Il me gobe. La bouche pleine de cette lymphe marinière, il avale et recrache des dizaines de fois ma perle rose. Joseph m'enfile tout un collier d'orgasmes que je porterai dorénavant en toute occasion. J'ai joui comme jamais.

Je porte maintenant ce chapelet et j'entends toujours l'écho de son chuchotement divin. Je suis devenue sa voix. J'ai glissé en lui par ses doigts avant d'en ressortir tout entière par sa bouche. Je suis sa prière.

Je voulais le monter à genoux comme on monte le grand escalier de l'oratoire Saint-Joseph. Je voulais le monter, le sentir comme un cheval, mais rien. Je lui fais la passe vite faite. Je l'apprivoise et il pavoise et SCHLACK! je mords. J'ai les dents rondes comme une scie si circulaire que plus rond que ça tu meurs. Le coup

classique : je lui coupe le sexe, à l'incisive aidée de ciseaux. J'ai vu ça souvent. Je lisais *Photo-Police* comme
une revue scientifique et chaque crime crapuleux était
pour moi une nouvelle façon de copuler, chaque estafi-
lade profonde devenait l'avant-garde des techniques de
reproduction in vivo. Le sang gicle de son geyser comme
si le feu était pris à l'intérieur. C'est l'enfer. Avec les
ciseaux dans ma main qui sont une hache dans ma tête,
je lui donne quatre ou cinq coups dans le ventre comme
si c'était des fenêtres. J'ai vu les pompiers faire ça.
Joseph a vraiment l'air d'une bâtisse en flammes avec
des gicleurs en fête et des sorties de secours tapant des
mains. Il saigne, mais on dirait qu'il brûle.

Joseph s'est éteint mais il n'y a pas de quoi rire. Ce
tas de chair, dans ma tête, c'est de la cendre. J'ai dans la
main son sexe tout rouge comme une borne-fontaine qui
aurait pu le sauver. Son petit bout dur comme fer, je vais
le souder à ma tuyauterie caduque comme l'aqueduc de
ma ville sans maire. Je dis « maire » et, encore une fois, ça
veut tout dire.

37

J'ai enfin mon propre pénis parce que je l'ai bien lavé.

J'ai mis le pénis de Joseph dans mon vagin comme on
se fout une arme à feu dans la bouche en espérant que
cette arme à feu en soit une vraie, et la seule arme à feu
qui a vraiment de la gueule, c'est le lance-flammes. J'ai

son sexe comme un canon et ça va finir par chauffer, par brûler dans mon ventre comme une passion. J'ai son sexe comme un canon, mais je ne tire pas, je le laisse là.

J'ai enfin un pénis. Je suis un homme inventé. Je suis enfin en feinte. Presque sainte. J'ai un bébé béni en moi, un vrai pénis papal. Je l'ai mis bien à sa place dans mon vagin et je prie pour qu'il prenne vie, pour qu'il devienne un enfant, pour qu'il germe en moi comme dans la terre.

Cette fois ça va pousser.

J'ai du sperme plein les yeux, dans le blanc, comme des œufs. Faire l'amour m'en a mis plein la vue, mais jamais une goutte de sperme n'a vu le jour dans mon ventre parce qu'il fait trop noir dedans. C'est la nuit à l'intérieur. Chaque fois que j'ai baisé, tout le sperme m'est monté directement à la tête, comme si ma tête était tout l'appareil reproducteur à elle seule. Mais ma tête n'est qu'une partie de mon corps et mon ventre n'est qu'une pièce de théâtre. J'ai un rideau dans les entrailles et j'ai fait l'amour comme si c'était la lumière. J'ai répété ça comme si c'était du texte. C'est noir dans mon ventre, on dirait un soir de première.

Dans mon ventre, il n'y a jamais eu que ma noirceur intergalactique vide de tout vaisseau spatial spécial, vide de tout canal déférent différent. Dans mon ventre, ce n'est plus maintenant que de la suie, comme un ciel turboréacté plein de vols de nuit. Mon dedans carbonisé. Tout noir.

Je suis brûlée.
Mon ventre est un brûlis.

J'ai l'intérieur vide, vidé à la tarière. J'ai planté le pénis de Joseph avec un plantoir comme un bulbe. Je veux que ça pourrisse, que ça fasse des racines. J'ai le ventre comme un jardin et j'ai tout brûlé pour que ça repousse mieux. Je vais me faire un petit aménagement paysager pour être belle, vue de la rue. Avoir des fleurs partout dans les yeux et des pommettes rouges sans herbicide, sans fard, rien, nature. Je veux que ça pousse biologique dans mon ventre et cueillir un jour le fruit de mes entrailles ébénies, comme la vierge Marie.

Être
(la prison à vie)

38

S aint Joseph est mort et ça fait une éternité. Deux minutes comme deux mille ans. Quand on tue, le temps défile. On revit tout depuis le début. L'histoire se réembobine d'un coup et la superposition de toutes ces images diaphanes révèle la noirceur de nos actes.

J'ai tué Joseph. De nos jours, on tue sans cérémonie, mais moi j'ai sanctifié Joseph. Son décès commémore le retour de la vie en moi. J'ai taillé son sexe comme si j'avais été à l'église, comme on craque la grosse hostie, comme on croque le corps du Christ. J'étais nue sous la chasuble et j'ai dit « ceci est son corps et ceci est mon sang » et je l'avais dans la peau. Mon geste, c'est la messe à la maison, c'est l'eucharistie à ma manière.

Je suis Marie, je suis comme Jésus, je me suis fait crucifier mille fois, comme j'ai pu, et malgré ça il y a toujours un tas d'hommes qui comme Thomas veulent m'y mettre le doigt pour y croire. J'ai vraiment survécu par miracle. J'ai subi le martyr du marteau-pilon, clouée par

mes bourreaux sur des lits cardioïdes, potences matelas-
sées des lunes de miel à Niagara Falls. J'ai célébré mes
mille crucifixions horizontales en arrachant le clou mal
enfoncé de Joseph. Ma démence est non seulement une
messe, c'est un mariage. Je suis l'alliance. C'est mon
corps tout entier que j'ai mis à l'index, le doigt du sexe.

39

Quand on tue, on va en prison.

Je m'emprisonne moi-même pour que ce soit juste.
J'ai déménagé dans le bloc à côté, dans un petit une-
pièce-et-demie et je ne sors plus. Je ne laisse rien au
hasard et je prends tout mon temps. Je suis en prison et
j'ai tout ce qu'il faut pour y passer la vie. Je me fais un
perpète sur mesure. J'ai loué le plus petit appartement
que j'ai pu pour le remplir au maximum, pour que j'y
prenne le plus de place possible, pour qu'il soit plein,
lui.

Je suis moi-même un petit logement d'une pièce et
demie. Je suis toute petite mais j'ai la demie pour la vie.
J'ai la place pour un bébé en moi. Je vis en prison et je
suis la prison d'un corps étranger. Je veux être une prison à vie. Avoir un être vivant derrière la serrure et être
une vraie cellule. Pour la vie.

Je n'ai plus de lit. Les lits m'écœurent depuis que j'ai
renoncé à la vie publique. De toute façon, ici c'est beau-

coup trop petit. La poussette me sert de berceau. Je me plie en quatre comme un bout de papier. Je fais le fœtus quand je me couche. Je suis un origami dans mon berceau à roulettes. La poussette, elle au moins, je la remplis. J'ai de l'ampleur dedans. J'aime ça prendre de la place.

Je n'ai plus de lit. Me coucher, ça me tue. M'étendre de tout mon long sur le dos, ça me rappelle trop de nuits. Ça me fait penser à Joseph, ça me fait rêver que je suis son cercueil et qu'il entre en moi pour y déposer sa vie. Je suis son cercueil à roulettes. Je suis un autobus avec couchette, une Westfalia de Volkswagen mortellement transformée en fourgonnette funéraire.

J'ai déménagé tous mes effets personnels. Mes effets, ce sont des effets comme ceux de la drogue. Les choses dont je ne peux pas me passer. L'aspirateur, mes plantes, mon bloc de ciment, ma poussette, mes livres, mon aquarium, tout. J'ai tout mis au centre de la pièce. Rien le long des murs. Tout au centre.

40

Je me suis jugée moi-même. J'ai mis une toge et j'ai dit mea culpa. J'ai donné un coup de marteau par terre pour rendre la sentence et j'étais condamnée à ne plus sortir. Jamais. Je suis entrée dans ma loge et c'est devenu une geôle. Je me suis fait justice.

J'habite une petite cellule dans un gros HLM équarri. C'est ma prison. J'appelle ça une cellule, la pièce où je vis, comme si ma prison était un cerveau, comme si je nichais maintenant dans ma tête. Mon bloc et mon cerveau, c'est du pareil au même. Les briques rouges et le mortier noir, ce sont mes circonvolutions cérébrales toutes crachées, c'est mon cortex à moitié coagulé.

Je suis presque morte. J'achève. J'ai des millions de cellules de toutes sortes qui sont brûlées. Mais pas toutes. J'ai la cellule familiale intacte. J'ai toujours ce petit neurone têtu qui fait que je veux un enfant. Une petite case vide prête à recevoir un noyau de vie. La cellule familiale, c'est la cellule dans laquelle je suis vraiment emprisonnée. J'habite l'unique chambre isolée où mon bébé pourrait exister. Je suis dans mon ventre. Je prend toute la place dans ce cachot biologique, dans cette membranule où se trouvait une petite idée, un rêve qui m'a complètement imprégnée. Et cette idée en moi, c'est un caillot au cerveau. Ça va me tuer. C'est quelque chose qui ne passe pas. Je suis sur le point de faire une embolie, ça bloque dans ma tête et c'est déjà bloqué dans mon ventre. De ne pas avoir d'enfant, j'en fais une maladie, une maladie mentale.

J'ai un fœtus dans la tête.

41

J'ai trop fait l'amour buccal, je pense. C'est beaucoup plus bas que je veux mon bébé. Je veux un bébé au centre de mon corps. Je veux avoir le milieu familial comme la page centrale d'une revue brochée où l'on montre son ventre. Je suis une femme qui s'étale toute nue pour la famille parce qu'on ne peut pas faire autrement. Les enfants, c'est pour adultes seulement.

Depuis que j'ai l'organe sexuel de Joseph dans mon vagin, je porte toujours une serviette hygiénique. Tous les jours. Je porte des maxis. Je vais en porter à la queue leu leu pour mon bébé lala. Je vais porter tout d'une traite, en six mois, toutes les serviettes hygiéniques que j'aurais portées durant toute ma vie. Je vais être menstruée une bonne fois pour toutes. Menstruée, vingt-quatre heures sur vingt-quatre, comme si c'était une urgence.

Je fais une hémorragie interne. Le sang se répand n'importe comment. En moi, c'est l'anarchie. C'est la guerre. J'ai du sang partout. Juste pour vous dire, j'ai les ongles rouges…

Je fais une hémorragie. Une grosse. Je suis gonflée. Je fais presque une grossesse. Je suis gonflée dans tous les sens du terme. Je suis complètement ronde. Je suis folle, je suis foule, je suis pleine. Je ne suis pas du monde, je suis un ballon. Un ballon de rouge. Je suis une coupe pleine de bordeaux rouge prête à déborder.

Ma petite bitte est une belle vigne et elle commence à produire. Ma queue macère dans mon ventre et ça dégouline le long de mes cuisses. J'embouteille tout. Je tords mes serviettes hygiéniques pour ne rien perdre. Je fais du vin maison, le vin des raisins de ma colère. Je me décompose, je pourris, je me liquéfie. Je suis le vin qui coule dans la bouche, qui déborde des lèvres et perle sur le corps. Je revis sur la peau, là même où j'ai toujours rêvé de mourir, mourir de plaisir.

Je suis malade. Ma queue pourrit. Elle enfle, elle grossit. Je suis comme en érection. Quelles images érotiques se dandinent dans ma tête pour que mon gland prenne ainsi des proportions mythologiques ? Je le sens tellement gros, mon pénis, qu'on dirait que je vais bientôt jouir, on dirait que je suis sur le point d'éjaculer, que le soupçon de vie que je garde en moi depuis si longtemps va être expulsé.

Je suis malade. Je ne mange plus. Je vais souffrir de dysenterie comme en Afrique et mon ventre va se gonfler. Je suis malade d'avoir un bébé. Je veux avoir un ventre comme le nez d'Achille Talon. Un beau gros et rond avec deux narines comme pour des jumeaux pour bien sentir la vie en moi. Je veux avoir un ventre comme le nez de Barbra Streisand. Il n'est pas si pire que ça, mais il n'est pas petit non plus. Mon ventre, lui, il est tout petit. Barbra Streisand a un nez de cinq mois et de côté ça commence à se voir. Je veux avoir un ventre avec du profil, un gros, un vrai, avec la respiration potentielle à l'intérieur, avec la congestion des sinus de l'utérus, avec le kleenex amniotique, avec la toux et tout. Je veux avoir un vrai gros rhume de cerveau et avoir le ventre plein comme un gros nez.

Je veux avoir un ventre gros comme une question existentielle, plus gros encore qu'un essai d'ontologie phénoménologique, mais accessible au commun des mortels au même titre que *La détresse et l'enchantement*. Je veux donner la vie en toutes lettres, écrire une autobiographie dactylographiée sur ma matrice et qui sera imprimée au grand jour par procédé électronique. Je veux mettre au monde quelque chose de corporel, un objet vivant, un ouvrage composé en Bambino corps 10 sur 10.

La vie belle et bien écrite.

42

Je me pogne le cul. Pogner. Pas empoigner mais pogner, O et G collés comme Auger. Je me pogne le cul, c'est moi toute crachée. Je n'ai rien d'autre à faire. La prison, c'est la prison. C'est du temps à ne plus savoir où se le mettre. Je capote. Je tourne en rond. Je me mets un doigt où je pense et je tourne. Je frise la vulgarité. Je lui fais même des petites boucles à la vulgarité si vous voulez savoir. Je frise la vulgarité comme les poils de mon pubis sous mon bikini super-sexy. Je suis toujours en bikini ici. J'ai le nombril à la vue, pour tenter la vie, lui donner le goût de me toucher. Je veux que la vie me caresse le ventre, mais de l'intérieur. Je suis presque à poil comme si j'avais coulé de la plume extravagante de Jean-Paul Gaultier. Je déambule comme un mannequin, je me déplace comme si c'était de la prose. Maniérée au max et ondulante, j'arrête et je prends des poses, le ventre bien rentré. Quand je me décris, c'est *Playboy* que je publie.

43

J'ai du sperme dans les yeux. C'est là qu'est toute la vie que j'ai. Je vais m'arracher les yeux. Mes yeux avec des étiquettes bleues, ce sont des petits pots pour bébé. Je vais m'arracher les yeux et je vais les casser comme des œufs. Je vais tout ramasser par terre à la petite cuiller et tout mettre dans mon vagin en disant : une cuillerée pour papa, une cuillerée pour maman. Être une maman...

Il faut que je m'enlève ça de la tête, avoir un bébé. Il faut que je m'enlève ça du corps, ce phallus fermenté. Il faut que je mette la main à la pâte qui s'est formée dans mon ventre et que je mette ça sur la planche. Il faut que je m'en mêle de ces spaghettis sauce tomate passé date. Je suis malade. Je m'enfonce le doigt dans le ventre jusqu'au point G comme dans gorge pour vomir, mais rien ne bouge. Mon pénis me rend malade en pourrissant dans mon ventre et ça pue le cul. Il faut que je retire de moi au plus vite ce corps étranger, que je puisse manger de nouveau comme du monde. Avoir quelque chose dans mon ventre sans être malade. Je voudrais me manger moi-même. Je me sens mal. Je m'assois par terre pour être dans mon assiette. Je veux guérir. La fourchette et le couteau de chaque côté, je vais m'ouvrir l'appétit, le vrai dans le ventre. Ensuite je vais me servir de l'aspirateur comme d'une fourchette pour sortir cette queue de cheval de mon vagin. Fini le cheveu sur la soupe. J'entre le tuyau pointu dans mon ventre et je pique. Je pique mais ça aspire. Je sors ce sexe mort et je prends le couteau et je coupe. J'ai faim. Je le hache finement comme pour ne pas m'étouffer, comme si je voulais prendre de petites bouchées. Je ne veux pas m'étouffer en mangeant, je veux mourir étouffée mais à bout de souffle.

Je suis défoncée. J'ai un trou à chaque bout comme un œuf qu'on vide lorsqu'on veut garder la coquille. Je ne suis qu'une peau. Je ne suis qu'un aspirateur avec mes extrémités percées. L'air passe à travers mon corps à une vitesse folle. Je vrombis, je brondis, je fais du bruit. Je suis un sac éventré. Je n'ai pas le moindre microbe en moi, je suis un aspirateur fini, je suis la pureté exemplaire. *L'homme n'est que poussière et retournera en poussière*, ça n'a pas été écrit pour moi.

Je laisse toujours le moteur de l'aspirateur tourner comme un moteur à essence qui dégage des oxydes de carbone. Je veux m'asphyxier. Je mets le tuyau dans ma bouche pour m'étouffer. Je m'enlève la vie en prélevant l'air de mes poumons et je me pince le nez pour ne plus respirer. Je veux m'enlever les mots de la bouche et mourir. C'est insuffisant comme technique. Je ne meurs pas. Je parle dans l'aspirateur et tout s'amplifie.

Je mets un sac de plastique sur ma tête et je respire profondément mais je me dégonfle et je l'enlève tout de suite, c'est instinctif. Il faudrait que je puisse le garder sur la tête durant neuf mois pour me tuer et renaître.

Je veux mourir étouffée mais à bout de souffle au bout d'une corde.

Je vais me pendre. Je vais défaire mon nombril et extirper le cordon ombilical qui baigne dans le formol dans mon ventre. Je vais le dérouler comme une bobine de film pourri. Je vais accrocher mon cordon mouillé au plafonnier pour le faire sécher et ensuite refaire un nœud comme à l'origine, me pendre avec. Renouer avec le néant.

Je me pends. That's it that's all. J'ai déjà la langue bien pendue et je vais pendre le reste. Je vais parler anglais des pieds à la tête et je serai morte. Je vais mourir. J'empile tous mes dictionnaires anglais-français français-anglais et je grimpe dessus sur le bout des pieds. Je passe la tête dans le nœud coulant. Je vais glisser du haut de tous ces dictionnaires reliés avec du papier glacé mais ce ne sera pas un glissement de sens, ce ne sera pas une chute parce que je vais être pendue au plafond. Je me pends et je meurs. Lorsqu'on découvrira mon corps accroché au-dessus des *Robert & Collins*, des *Webster'* et des *Harrap's*, on va croire que je voulais que mon autobiographie soit traduite, je m'en fous ! Mon bouquin se termine ici, avec ce paragraphe. J'abandonne toutes les autres pages de ce livre à leur blancheur unilingue. Si on veut y écrire quelque chose, qu'on y traduise mot à mot ma mort.

44

Dans le ventre de ma mère, c'était l'extérieur pour vrai. C'était un pays chaud, son ventre. Pas d'hiver, jamais de neige. Le ventre de ma mère, c'était dans le sud. Là aussi j'étais toujours en bikini. Il y avait la mer, les récifs coralliens et en arrière-plan, les montagnes pleines de vert éternel. C'était vaste, le ventre de ma mère. C'était sans frontière. C'était le *National Geographic* à pleine page. Je faisais de la photo et ma spécialité, c'était les couchers de soleil. C'était beau, c'était rouge rouge et je faisais publier ça une fois par mois dans les petites culottes de ma mère. C'était beau mais pas payant. Ma mère me faisait vivre comme elle le pouvait, c'était le néant, mais je passerais à travers.

C'est mon père qui m'a mis en tête l'idée de faire de l'art moderne. Il m'est arrivé un jour avec son pinceau et de la couleur, mais pas de toile, le con ! Que vouliez-vous que je fasse ? J'ai commencé une fresque dans la voûte du ventre de ma mère en espérant qu'elle ne se doute de rien. Je reproduisais le plafond de la chapelle Sixtine, avec beaucoup de succès, je trouve. C'était beau à couper le souffle et c'est pour ça que j'étais reliée à ma mère par un tube respiratoire. Sinon j'aurais été autonome. Mais j'étais une artiste underskin comme on dit et c'est difficile de vivre de son art. Il n'y a rien de mieux qu'une mère comme mécène. J'incrustais les couleurs et elle ne sentait rien. Ce qui l'a finalement alertée, c'est l'interruption subite de mes parutions photographiques. La fresque, c'est assez long comme technique, et je ne faisais que ça. Quand elle a su, elle a voulu s'ingérer, mais la subvention fédérale était déjà versée.

J'étais bien loin cependant de l'art en question que m'avait suggéré son mec, et, découragée de jouer les Michel-Ange, je me suis foutu partout sur le corps les peintures, gouaches, acryliques et autres substances dégoulinantes du genre que celui-ci m'avait généreusement fournies.

On appelle ça du body painting. C'est de l'art moderne pour vrai, je vous le jure. C'était tellement moderne que ça ne voulait rien dire.

Et puis vlan, d'un coup, en quinze heures, la célébrité!

Venir au monde, c'est mondain.

La naissance, c'est toute une fiesta pour ne pas dire un fiasco. On ne s'entend même pas parler ici. C'est trop bruyant, la vie. Le vin, le champagne, tout le gratin… Un vernissage paraît-il? Un nettoyage vous voulez dire! Mon body painting a pris le bord! La forme ou le fond? That is the question. Je n'ai pas été comprise avec mon œuvre. Une méprise totale. On m'a portée au nu, moi, alors que c'est mon œuvre que je voulais qu'on acclame. On m'a lavée. Plus verni que moi, c'est carrément du plancher de bois franc.

On m'a très tôt fait savoir que j'étais comme en bois.

Drôle d'incendie que les mondanités. Un peu brûlant aussi, la vie. On n'y voit que du feu et des pompiers, et c'est par la sortie de secours en plus qu'on y fait son entrée. On doit vraiment faire son entrée parce que l'ouverture est bien trop petite et ça crie fort, une femme en flammes. C'est trop bruyant, la vie. C'est tout un party, naître. C'est l'alerte générale, la naissance naturelle. C'est l'arrivée en grande pompe, la première respiration.

Je suis folle de naissance et tout de suite quand j'ai eu une minute à moi, je l'ai prouvé en criant comme une malade. Je gueulais en bon français pendant que la mécène et son mec pleuraient de joie. C'était comme du joual pour moi. C'était touchant, mais pas sur le bout de la langue. J'avais besoin de langage, moi, mais maman n'a rien fait. Ma mère, ce n'est pas une vache et elle ne m'a pas léchée, sinon on se serait tout de suite comprises.

45

Je parle encore.
Je parle encore français, donc je ne suis pas morte.
Je parle un français assez international, je trouve, pour une femme qui vient de frôler la catastrophe mondiale et l'occupation avec tout ce que ça implique de germanique. Je suis encore vivante, je suis seulement retournée dans le ventre de ma mère et c'est en Amérique latine. J'ai momentanément perdu conscience, mais pas ma langue on dirait. Je suis vivante. Je ne m'en sortirai donc jamais de cette vie plus petite que cet appartement plus petit que le ventre de ma mère ?

46

Je suis enfermée. Je ne peux plus sortir. J'ai payé mon loyer pour l'année et j'ai acheté des boîtes de conserve de toutes sortes avec lesquelles, une fois ouvertes, je pourrai aisément m'ouvrir les veines. Comme ça, toute seule, bien équipée, emprisonnée, coupable à souhait, je ne pourrai plus faire de mal à personne. Il ne faut pas que je sorte d'ici parce que je sens la haine monter en moi comme une sève purulente. J'ai l'impression que c'est le printemps, que je me réveille pendant que l'hiver bat son plein. Je me sens comme une ourse dont l'ourson a filé de la tanière et je sors de ma cache et pars à sa recherche scientifique avec un microscope au lieu des yeux. Mais peu à peu ma recherche se change en chasse. *CHHHHHHUT!* Ne faites pas de bruit... Je ferme l'œil et je rêve que je suis une arme. J'ai l'œil écarquillé comme un canon tronçonné. J'ai un monocle plus puissant qu'une lunette d'approche. Tout est grossi mille fois. Je me sens si petite. On dirait que je suis en pleine forêt. Mais c'est ma maison qui est en bois rond. Ce n'est pas une maison, c'est grand comme ma main, c'est un camp de fortune, un gant de velours. J'ai des doigts d'or blanc sertis de diamants. Mes doigts, ce sont des trésors de méchanceté et je vais tracer des sourires sur tous les visages de verre pour qu'ils s'ouvrent enfin.

C'est tellement petit, ma cellule, que l'air que je respire, c'est de l'air comprimé. Je suis sous pression et ça me pompe. Ça me fend d'être en prison. Je suis une bon-

bonne à oxygène. J'inspire et j'expire et ça n'a pas de sens. Respirer, c'est du va-et-vient, de l'aller-retour. Je suis un ballon sans pli, un filtre à air, rien de plus. Je suis une poupée gonflable, pneumatique au max. Je pèse cent livres d'air. J'ai les poumons gonflés à bloc. Je suis rouge de colère. Je suis rouge comme une femme en balloune dont on défait le nœud et qui part en peur. Je crie à pleine tête et c'est tellement pas la vraie vie dans mon HLM en béton qu'on ne me met même pas à la porte. Ça n'a pas de sens comme c'est insonorisé. C'est tout ce que je peux faire, crier à pleine tête, parce que tout le reste est vide. Je suis une caisse de résonance.

Quand c'est le temps de parler, j'écris. Quand c'est le temps de me taire, je lis. Lorsqu'il faut que je dise ce que je pense, je répète ce que j'ai appris par cœur, ce que je sais sur le bout de la langue. J'ai la langue raide. Je mets des mots sur la langue et salut! Ma langue, c'est un tremplin et je plonge. Chaque mot est un postillon où j'ai préalablement noyé une idée. Quand je parle, je crache. Ce ne sont pas des mots, c'est de l'eau.

Quand c'est le temps de parler, j'écris. J'écris avec des stylos qui n'écrivent pas. Je n'écris pas, je grave. Je pèse mes mots, ça prend tout son sens quand j'écris. Je pèse toujours très fort en écrivant. J'écris pour être lue avec les doigts. C'est au contact que je veux être comprise.

Je passe de longues heures à parler à haute voix comme un haut-parleur. Quand je parle, je me parle. Je parle dans le vide comme si j'avais un enfant à qui je demanderais de faire son lit tous les jours. Je répète comme si j'allais faire salle comble. Je prêche dans le désert. J'invente une foule de choses et d'êtres. Dans ma cellule, j'invente une salle de spectacle bien pleine et je me fais livrer une guitare électrique, un piano à queue et un tambour battant comme un auvent Tempo pour donner un concert à guichet fermé. C'est dans ma tête tout ça, mais ça prend quand même beaucoup de place. Trop de place. Je compacte tous les instruments et je les flanque dans mon walkman. Mon walkman aussi est un stéthoscope, comme l'aspirateur. J'écoute mon cœur sanglant et je ne comprends rien, c'est un groupe anglais. J'écoute mon cœur à pleine tête et c'est rock'n roll, c'est Heart, le groupe avec juste des filles. Je fais comme elles, je donne un show. Mon une-pièce-et-demie est plein à craquer. C'est plein de monde dans ma tête, mais il ne se passe rien. Je suis toute seule sur scène. C'est très ennuyant dans les gradins. Je voudrais que ce soit plein ici. Je voudrais faire salle comble, stade comble, foule pour vrai. La vie bien tassée, mais pas une goutte de plus, comble comble, sans que ça déborde. Être pleine.

Je voudrais quelqu'un dans ma bulle. Je voudrais que quelqu'un me dérange, me bouscule, m'enfonce le coude dans le ventre, mais de l'intérieur. Je veux quelqu'un dans mon espace vital, mon vrai. C'est dans ma tête, le monde. C'est plein, sauf que ça chuchote à peine. Personne ne bouge. Tout le monde est assis et je m'ennuie. Une grosse explosion devrait se produire dans ma tête, ça mettrait de la vie.

Je fais des origamis, ça me détend. J'ai fait un poisson rouge et je l'ai fixé au mur avec un clou. Je l'ai fixé mais il pivote. Quand je lui tape sur la tête, il tourne sur lui-même.

Mon poisson rouge, c'est moi toute crachée. Mon petit poisson, c'est mon état second. Je suis rouge et je me déteste. Je me tape dessus et je tourne en rond dans mon petit local qui rime avec bocal où les murs se suivent et se ressemblent comme deux gouttes d'eau dans l'océan, mais c'est plus petit que ça ici.

Tout tourne.

Je vire folle.

Je me replie. Je m'enferme dans la salle de bains. Je fais des origamis de plus en plus petits. Je fais tous les plis à la pointe du fer à repasser pour que ça tienne et ça tient du miracle. Des fois, le papier prend feu et je le fous dans le bain. Je ne fais plus que des baleines, des requins, des poissons de toutes sortes. Uniquement des poissons, fini, les petits bébés en papier. J'avais toutes les misères du monde, surtout la famine et la guerre.

Je fais une crise du logement. Je vire tout à l'envers, je fous le bordel. Je saccage à grand renfort de bras. Je casse tout sur les murs. Je vais jouer à la décoratrice à mon goût. Je vais me faire un puits de lumière. Je monte sur une chaise et je remplis d'eau le plafonnier. Je déconne mais il faut que je change de décor pareil. Je n'en peux plus d'être ici. Il faut que je vive dehors, dans la rue, à l'air libre. C'est plein d'eau ici et j'étouffe. Je veux sortir de mon aquarium. Aller dehors. Je suis une sans-abri dans l'âme. J'ai la tête comme le Colisée à Rome. Je suis décalottée. Quand il pleut, c'est dans ma tête. J'ai le crâne comme une coupe. Je suis pleine d'eau pour revenir aux sources. Je suis un aquarium. J'insère le sonar dans mon ventre pour détecter la vie. Je plante le bathyscaphe entre mes jambes comme une batte qui se cache et je me branle. Mais rien. Pas de plaisir, pas de vie. Une chance que j'ai les mots pour jouir. Les mots où je mets les mains, les doubles sens comme mes deux seins que je dévoile pour le plaisir.

J'insère le sonar dans mon ventre et tout ce que je vois, c'est le relief monotone d'un abysse où se cache, j'en suis sûre, une murène automate qui dévore toute espèce de vie. Chaque fois que j'ai fait l'amour, ce poisson rouillé qui est la cause de toutes mes pertes rougeâtres a tout bouffé. Chaque fois que je me suis envoyée en l'air, tout ce que j'ai fait, c'est renverser un peu plus mon contenu aqueux. Étendue sur le dos, j'imbibe la terre.

Je veux devenir de la terre.

Je suis debout sur le tapis et je veux me creuser un trou pour m'enterrer, forer un tunnel pour m'en sortir. Mais c'est du tapis et, quand je gratte, je m'arrache les ongles. Je frotte à pleines mains, je me brûle, ça fume presque. Je vais redécouvrir le feu. Je frotte encore plus fort pour que la brûlure me pénètre et que le feu s'installe en moi.

Je veux devenir la Terre. Avoir un noyau bien au chaud. Je veux me planter dans le sol, fondre dedans, fusionner avec. Je voudrais sauter dans un volcan éteint et y être toute la chaleur à moi toute seule, toute l'ébullition, toute la lave. Je ne veux pas tomber dans un volcan en activité qui me recracherait aussitôt. Je veux aller jusqu'au centre de la Terre puis revenir. Je veux être un morceau de terre fertile. Je veux être de la terre, de la vraie, sans engrais, sans fard, sans rien, nature. Parce que moi je suis faite de mains d'homme. Je suis dure, je suis de roc, je suis une carotte. Je suis le résultat d'un forage, une pierre bien tournée. Je suis une obélisque qu'on a prélevée du corps de ma mère en obstétrique. Mais moi je veux être poreuse, je veux être en terre.

49

Je me fais un nid.

Je badigeonne de colle blanche le poil de mon pubis et plus bas aussi et ça fait comme un bourgeon. Mais c'est un nid que je veux. J'ai déniché toutes sortes de matériaux dans l'aspirateur. Je dispose amoureusement dans la colle mousses, petites plumes, brindilles et autres poils de fesses de manière à former une coupole et je saupoudre le tout de poussière de ciment et de terre. Je vais enfin avoir un bébé. Ça m'excite et je mouille. Ça va être solide quand ça va être sec. Je vais avoir un nid, un vrai. Je vais donner la vie.

Maintenant je fais l'arbre. Je mets les mains par terre et j'envoie les jambes en l'air. Je suis un arbre. Je peux tenir deux ou trois heures, la tête en bas. C'est peu, sachant que certains arbres vivent durant des siècles.

Je fais l'arbre. Je plante mes doigts comme il faut dans le tapis, mes phalangettes comme des radicelles et j'écarte les jambes comme des branches. Je fais l'arbre.

Le plus difficile, c'est de mettre un œuf dans le nid. J'en ai cassé des douzaines. C'est plein d'œufs séchés par terre. J'ai tout laissé ça là parce que ça paraît bien. On dirait de la fiente. Ça prend de la fiente autour d'un arbre où ça grouille de piverts.

J'étais vraiment incapable de mettre un œuf dans mon nid. Essayez pour voir dans votre salon de placer quoi que ce soit d'ovoïdal entre vos jambes lorsque vous êtes debout sur les mains ! Finalement j'ai trouvé un truc. Je l'installe avant de faire l'arbre. J'enfile un slip jusqu'aux cuisses et je mets l'œuf dans le califourchon. Quand j'ajuste le tout, il prend bien sa place à l'embouchure de ma chaleur. Je fais la pirouette et le tour est joué.

Je suis un arbre avec un nid, une poule en bois avec un œuf. Je suis une fille de mon temps parce que j'attends. S'il ventait, je serais dans le vent. Je suis une girouette à l'envers qui a perdu le nord. J'ai perdu la tête, et le slip en latex qui couve mon œuf symbolise un pic en laiton qui fend l'air.

Jamais plus je ne me ferai béqueter.

50

Je me suis enfermée pour être bien certaine de ne plus jamais sortir et ainsi ne plus faire de mal à personne. Je vais me barricader. Je me suis fait livrer du deux par quatre, du contre-plaqué en masse, une scie ronde comme mes dents et des clous de quatre pouces. Je prends mon marteau mais je laisse faire la toge et je condamne la porte séance tenante. Quand je serai enfermée à jamais, pour ne plus avoir la possibilité de m'échapper en démolissant tout, je vais lancer mon beau gros marteau de vingt onces par la fenêtre et, qui sait, peut-être atteindra-t-il quelqu'un en bas.

Je travaille avec un marteau, mais c'est moi qui suis marteau. Je cogne des clous. Je ne suis pas fatiguée, je cogne réellement des clous avec ma tête. Un marteau a des oreilles et moi j'ai des oreilles, donc je suis un marteau. Je capote solide et je cogne des clous. Je travaille toute la journée et quand vient la nuit, que la fatigue m'envahit, je commence à cogner des clous pour vrai. Les vrais clous, ce sont mes doigts. Quand je suis fatiguée, je me tape sur les doigts. Je fais une maison de mes propres mains. En me tapant sur les doigts, je construis ma maison. Chaque coup sur un doigt bâtit un mur. Ma main grossit. Ma main gauche, c'est un bungalow en construction. Ma main, c'est déjà un cinq et demie tellement elle est enflée, et je martoche encore, je l'agrandis. Je vais avoir une résidence énorme. Une maison avec des petits souliers dans l'entrée, qu'on trébuche dessus quand on entre, qu'on se casse la gueule parce qu'il y a de la vie. Ma main, c'est une maison. J'ai le bout des doigts gros comme des pouces, comme des pièces au bout de longs couloirs qui donnent sur de grandes chambres d'enfants avec des ongles incarnés en guise de lucarnes. Je me tape sur les doigts et j'ai les ongles de différentes couleurs. Ça décore, des ecchymoses. Pour les filles j'ai des pièces roses et pour mon garçon mon pouce est bleu.

Ma maison est finie. Elle pend au bout de mon bras long comme un rang de campagne. Mais j'y pense, lorsque j'aurai mon enfant, il n'aura pas d'ami. Je vais m'arranger pour qu'il ait des petits voisins ! Je vais de ce pas mettre sur pied un projet domiciliaire. Je vais construire une autre maison sur la rue d'à côté. Et une autre et plein d'autres. Je vais me construire jusqu'au coude, jusqu'à l'os, partout, je vais me construire et tout retaper à mesure. Je vais être un beau quartier. Un quartier de viande crue, mais un quartier quand même. Je vais prendre le marteau de la main gauche et je vais taper sur la main droite pour avoir une maison en face avec une famille qui s'installe. Je vais construire toute une ville comme ça, sur moi, en me tapant dessus partout. Un terminus, une bibliothèque, un métro et un hôpital gros comme un ventre de femme enceinte pour accoucher.

Je vais être habitable.

Je suis en prison et je vais construire une ville en me tapant dessus. Je me construis. Mes travaux communautaires, c'est votre sécurité maximum. Tant que je me tape dessus, je ne fais de mal à personne.

Je prends le marteau dans ma main gauche, mais ça fait trop mal. Je ne peux pas le tenir comme il faut. J'imagine alors ma maison toute seule au bout de sa rue et mon enfant tout seul dans la cour. Je me vois toute seule ici dans ma prison et je ne veux pas que mon enfant soit seul au monde. Il va falloir que je lui offre une vie normale après lui avoir donné la vie tout court. Il faut que je construise une autre maison pour qu'il ait des amis à tout prix, sauf que je ne peux pas tenir le marteau dans ma main complètement démilitarisée. Je ne pourrai pas construire d'autres maisons. Tout ce que je peux faire avec ma main droite, c'est donner un gros coup de poing par terre, mais c'est trop petit pour une famille, un bunker.

Je suis démolie. Je suis Pompéi. Je suis crevée, pétée de partout. J'ai des plaies comme des stades avec des gradins galeux. Je suis en ruines. Je tombe de fatigue, mais au moins je suis une ville.

Je suis une ville vide. J'aurais voulu être une ville fortifiée, une ville avec des remparts, pour faire la guerre. Je veux avoir des murs tout autour de moi. Des murs hauts, des murs épais. Des remparts qui n'empêcheront pas l'envahisseur d'entrer mais qui bloqueront la sortie de l'unique survivant. Je veux que ça se batte, que ça se mette à mort en moi, que ce soit la loi du plus fort. Ça va être la guerre en moi et mon bébé va y rester.

51

Comme si je n'étais pas déjà suffisamment enfermée, j'ai collé du plastique devant ma fenêtre pour m'isoler davantage parce que ma vie se déroule en hiver, et je suis au bout du rouleau. J'ai mis du plastique épais comme des fonds de bouteille et, quand je regarde dehors, je vois tout embrouillé comme sous l'eau.

Je suis chez moi et je vis pleinement ma crise du logement. Je capote. Je fais des dégâts de toutes sortes. Je fais des dégâts d'eau. Je veux devenir de la terre pour faire de la boue.

Je veux fuir au fond de la mer. Je déménage dans le creux. C'est un déménagement dans le sens où je me démène et je nage en même temps. Je me noie chez moi. De l'eau, j'en ai jusque-là. Je transforme mon logis de folle en aquarium. J'ouvre les robinets et la douche et les valves et les écoutilles et les ballasts et les fenêtres quand il pleut, je débranche le congélateur, je tords les débarbouillettes, j'égoutte les spaghettis au-dessus de la table, j'épluche des oignons. C'est tout juste si je ne m'ouvre pas les veines. Quand je parle, ça fait des bulles. Ce sont des paroles en l'air quand ça pète à la surface. La pièce se remplit à mesure que je crache ma salive. Le niveau de l'eau dépasse les cadres de porte. C'est vraiment la mer, ici. Je fais des pieds et des mains, je nage en petit chien. Je m'accroche à tout ce qui flotte dans mon bol de soupe trop salée. J'agrippe un livre et c'est la métamorphose. Je suis un poisson rouge tout d'un coup. Je suis heureuse comme un poisson dans l'eau. Tout va pour le mieux pour la plus belle des blondes. J'ai la tête pleine et le ventre idem, j'ai de l'eau partout. Seulement de l'eau.

52

Je mets des skis et je descends aux enfers. Ou mieux encore, je fais la mise à feu de mon aspirateur et je décolle en direction du soleil. Je veux avoir chaud pour vrai, je veux suer à grosses gouttes. M'évaporer. Je ne veux plus être obligée de porter cinquante gilets de laine qui piquent pour crever. Je veux mourir de chaleur.

J'ai chaud. Je suis incapable de dire si je me sens bien ou si je me sens mal parce que je me lave tous les matins. Je sens bon, je suis propre. Spiritux sanctum in corpus sanctum, ou quelque chose du genre. Un esprit savonné dans un corps propre, c'est ça que j'veux dire. Je me lave tous les jours parce que j'ai très chaud, parce que je chauffe ma cellule pour qu'elle brûle comme celles dans ma tête. Je chauffe comme un soleil qui tape sur la tête. Je chauffe pour devenir folle, mais je deviens sale. Je sue, je pue. Je me lave tous les jours parce que mon odeur devient insupportable au bout de quelques heures. Quand je me lave, je croque la barre de savon comme si c'était un pain de viande, et un pain de viande, c'est un peu sec alors je prends une gorgée de shampooing. Inutile de dire que c'est inutile de me brosser les dents. Si je me brossais les dents après avoir mangé du savon et bu du shampooing, j'aurais l'impression d'exagérer. Je

ne suis pas si folle que ça, vous savez : je suis complètement folle. Je ferais mieux de me taire ou de me momi-
fier avec de la soie dentaire au lieu de m'enterrer dans
du dentifrice. Je ferais mieux de fumer des cigarettes et
de bouffer du saumon fumé au lieu de respirer de l'air
pur comme celui que je respire si je veux mourir étouffée. Je devrais éviter d'inhaler. Je veux crever comme
une grenouille qu'on fait fumer. Je voudrais siphonner le
gaz carbonique à même le tuyau d'échappement des
bagnoles et gober l'ail en gousse. Je veux vraiment avoir
mauvaise haleine. J'ai le goût de mourir dans la bouche,
une arme dans la main, et je tire sur la porte. Je tire je tire
je tire, elle ne dégaine pas. Je tue la porte mais elle ne
meurt pas. Je l'engueule, elle ne sort même pas de ses
gonds. Cette porte se fout de ma gueule. Je veux qu'elle
tombe raide morte. Je tire encore mais ce n'est pas une
arme que j'ai à la main, c'est la poignée. Je voudrais que
cette poignée de porte devienne la crosse d'un colt, que
je tire et que je sois libre.

53

Je suis emprisonnée et je fais une crise du logement.
Je n'en peux plus, il faut que je sorte. Attachez-moi ! Il
faut que je m'agrippe à quelque chose pour ne pas être
emportée par la fenêtre comme le hublot fracassé d'un
Boeing en vol. Je m'accroche, je m'occupe. Je fais n'importe quoi. Je fais du repassage et j'échappe mon fer. Je

me blesse au pied comme dans le temps avec mon bébé en béton. Je veux avoir un bébé, mais pas sur le pied. Je veux avoir un bébé, en pierre ou en fer ou en chair et en os, mais je veux un bébé qui va durer et je fais une crise. Je fais le ménage comme jamais. Je passe l'aspirateur comme j'aime. Deux minutes et c'est fini tellement c'est petit. Mais je redéfais mon ménage aussitôt. Je casse tout à la grandeur si je puis dire. J'ai acheté une baguette au supermarché, il y a plusieurs mois, pour qu'elle soit dure comme la pierre séchée des pyramides d'Égypte. C'est avec une baguette de pain frais du jour de Noël dernier que je saccage chaque pied carré de mon une-pièce-et-demie. C'est à la croûte de pain sec que je décape mes murs de plâtre comme si c'était des boiseries. Je vais gratter ma cellule à vif jusqu'au béton nu pour voir l'âge de pierre comme si c'était de l'âge de bois. Je gratte, je cherche un hiéroglyphe comme dans un dictionnaire pour savoir ce que je veux dire et qui je suis. Je dois bien avoir un sens, une signification, une origine autre qu'étymologique, une identité qui soit plus qu'une signature? Je dois être autre chose qu'un jeu de mots, qu'un nom de plume? Quand je signe, c'est un générique qui défile trop vite. Je n'ai pas le temps de lire ce que j'écris. Je gratte avec la baguette et ça laisse des signes que je ne comprends pas moi-même. Qui saura dire dans mille ans ce que je veux dire maintenant? Inventera-t-on un jour un langage avec cette rage que je grave?

54

Je suis un autobus. Je dis toujours *un* autobus, mais je voudrais pouvoir dire *une* autobus comme les enfants qui jouent dans la rue. Une autobus et une avion. Moi, j'écrirais tous les grands moyens de transport au féminin. Je dirais même *une* train, *une* paquebot. Parce que ça transporte en masse un tas d'enfants comme des mères à la tonne. Mais j'écris comme tout le monde, j'écris à la mode, j'écris sexy. Je voudrais être un vrai moyen de transport, un vrai autobus, scolaire en plus, plein d'enfants. Je suis une autobus manquée. Je voudrais dire que je suis un vrai autobus, au masculin, sans que ça me dérange parce que je serais une vraie femme. J'écris à la mode, j'écris sexy et sexy ça rime avec taxi, ça rime avec anorexie. Je ne suis pas anorexique mais je suis toute petite. Je suis un moyen de transport tout petit. Je veux être un autobus.

Je suis un autobus et ce que je raconte, c'est moi tout à l'envers. Je capote a capella, seule dans mon ventre comme dans la cathédrale Notre-Dame et ça résonne. J'ai le ventre vide comme une église désertée par les bonnes gens et les bons gênes. Dans mon ventre, caché dans un organe, un orgue. Je suis une église. Je vais me donner de bons coups de couteau et ça va faire de beaux vitraux. Rouges rouges.

55

Je m'appelle Marie Auger. Auger avec un G comme
dans Jésus. J'ai perdu la tête, et l'auréole est un fardeau
sur mes épaules. Ma famille, c'est la sainte famille. Je
suis Marie et maman, c'est bonne sainte Anne. Ma mère,
c'est Anne Hébert. Ma mère a écrit toute sa vie et je fais
comme elle, j'écris toute ma vie. Je fais mon autobiographie pour me donner naissance, sinon je n'existe pas. Ma
vie se limite à ce que j'écris. Je suis condamnée à l'inexis-
tence vénérienne. Je ne suis qu'un livre, un livre sans
paternité. Je veux avoir une dédicace, mais une dédicace
qui ne serait pas un hommage, une dédicace qui serait
un titre de propriété, une dédicace qui veut dire que j'ap-
partiens à quelqu'un. J'aurais voulu écrire au début de
ce livre *À mes parents*, comme s'ils me possédaient, mais
je n'en ai pas. Je suis le fruit d'une fellation. J'ai crû,
comme on croit, dans la tête d'une femme éventrée, dans
la nef enfumée d'un éditeur qui respire fort. Je me suis
mise au monde toute seule et je me suis baptisée au nom
du père et de sa pipe.

Je m'appelle Marie Auger mais j'aurais dû m'appeler
Rose Sélavy pour avoir une paternité, pour que mon
père ce soit Duchamp. Mon père, ce n'est pas Duchamp,
c'est Ducharme Réjean et, comme père absent, c'est le
summum ! Je suis pire qu'orpheline. Anne Hébert, c'est
ma mère et elle n'a pas d'enfant, et mon père on ne le
voit jamais. Ma famille, c'est la sainte famille. Je suis née
à l'église, copiée dans la Bible. J'aurais dû m'appeler
Pauline Archange, tant qu'à faire ! Mais j'ai choisi le beau

rôle, celui de Marie. La mère du fils de l'homme. Je suis la seule femme dans la crèche, et quel charme ! Je suis la louve dans la bergerie comme le fisc dans une compagnie, un crachat dans le bénitier. Je suis ma mère tout craché, la goutte qui en a débordé.

Je suis une goutte acide, c'est tout ce que je sais de moi. J'ignore même ma date de naissance. Quand je suis venue au monde, je n'avais pas de papier ni de crayon dans la tête pour prendre les messages. Si j'avais pu prendre le numéro en note, je n'aurais pas été obligée de souligner la date chaque jour de chaque année depuis que je suis capable de tenir un crayon. Tous les jours, je prends un crayon de plomb et je repasse mille fois sur le chiffre arabe qui indique la journée. Je le torture pour qu'il parle, qu'il me dise si c'est ma fête. Je pèse fort, je l'empèse, je l'amidonne jusqu'à ce qu'il soit gothique. Mais rien. Je lui fais donc subir le supplice de la goutte pour connaître son pH. La date qui aura le plus haut taux d'acidité sera celle de mon anniversaire et j'aurai enfin un indice de mon identité. Chaque jour en me levant, sur le calendrier, je fais le test. Je verse à la pipette de l'albumine teintée d'une goutte de mon sang, mais elle sèche sans jamais rien révéler. Je rêve de voir ma solution sanguine réagir, se mêler de jaune et de bleu et devenir une magnifique enluminure aux couleurs primaires de ma première heure. En mémoire du seul jour de ma vie où je n'ai pas été belle à voir.

J'ai complètement changé depuis, côté propreté. Sauf que je suis encore folle. Je suis folle de naissance. J'avais cette graine de folie en moi qui n'a jamais cessé de germer. Je suis devenue de plus en plus folle avec le temps. C'est le temps qui m'a aidée. Je n'aurais pas été capable de devenir si folle toute seule. Sans le temps, non plus, je n'aurais jamais écrit. C'est de la poésie, moi, que je voulais faire. Mais ça n'a pas marché et ça ne charmera jamais. Après les poèmes pour adultes, j'ai voulu transformer mon imaginaire écrit en littérature jeunesse, mais merde, je me suis mise à naître. Il faut que j'écrive cette autobiographie au lieu de vivre ma vie.

Je n'écris pas ce livre, je l'empaille. Je fais de la taxidermot comme on dit. C'est un oiseau mort, vidé, que je remplis de matières synthétiques pour ne pas que ça pourrisse. La vraie vie, ça finit par pourrir. Je remplis ce livre-oiseau avec ma plume et je le dactylographie par la suite pour donner un air de vie à son erre d'aller. Tout s'y confond, le jour et la fuite, l'amour et la vitre. Je me regarde écrire dans le miroir. J'écris que j'écris et, quand tout sera terminé, je briserai le miroir et placerai dans ma main gauche déjà tout ouverte un morceau de verre que je planterai maladroitement dans ma main droite pour que ce soit fini. Que littérairement je sois bien morte, que manuscritement je n'écrive plus. Si je récris un jour, ce sera à la machine, avec un pace-maker. J'écrirai au cœur artificiel des romans mourants. Je me vendrai sans que ce soit de la prostitution. Quand je serai morte, j'écrirai comme du monde. On ne survit pas à une autobiographie qui se vend mal. Quand je serai morte, je vais mousser la vente de mes livres avec les bouillons de mon sang.

56

J'écris comme un camion de pompier en route vers le lieu de l'incendie. J'écris comme quand ça presse. J'écris toutes voiles dehors, la grande échelle au vent. Je tourne les bouts de phrases en épingles à cheveux à toute vitesse, la virgule en cinquième. Je vais me tuer. Mon crayon pointu, c'est la formule 1 de la formule toute faite. Je suis dans l'objectif des photographieurs de clichés en bordure de la piste qui veulent me prendre en défaut à défaut d'en photo. Mon crayon pointu, c'est mon véhicule d'urgence. Ce que j'écris, c'est presque poétique. Paragraphes profilés, calligraphie à la Ferrari, mot comme moteur, je n'écris pas, je mécanique. Je ne fais pas de fautes, je fais des Fiat. Écrire, ça me dépasse !

J'écris sexy. J'écris la jupe courte et la jambe longue. Mon soliloque sollicite. Quand j'écris, je montre les fesses. J'écris, c'est bien visible, c'est très voyant. J'écris gros et je veux que ce soit imprimé en caractères gros comme des yeux pleins d'eau. Je veux que les traits d'union soient longs et raides comme dans entre———jambes. Je veux que les O soient tellement dilatés qu'on puisse y naître aussi. Je veux que ce soit écrit plus gros que dans un livre pour ados désintéressés, sur du papier plus glacé que *Fluide Glacial*, relié comme un ouvrage sur Picasso. Le genre de livre écrit tellement gros qu'on se sent obligé de le lire à haute voix. Je ne veux pas d'un livre dont on peut faire une lecture silencieuse comme une relation sexuelle imposée. Je ne veux pas d'un livreentre-jambes, un sexe de cent pages qu'on dévore d'une traite. Je veux un gros bouquin qu'on peut feuilleter, dont on peut lire quelques passages comme une passe vite faite mais souhaitée. Je ne veux pas d'un livre pour adultes emballé de cellophane, plein de photos explicites. Je le veux tout illustré avec des traits étranges et des couleurs vivantes, sans avoir recours aux graffiti de Zilon, et encore moins à ceux de Folon. Je veux un vrai livre pour enfants avec plein d'images...

57

Je déteste dormir. J'aime les nuits blanches comme les étoiles. J'aime ça compter les minutes, les mettre en tas dans ma tête. Des milliers de minutes limpides, brillantes comme le butin d'un vaisseau fantôme qui me hante. Un navire pirate qui toutes les nuits coule les voiliers tranquilles qui sillonnent mes rêves éveillés. C'est plein d'eau dans mon berceau et j'écope comme une éponge. J'essaie de faire le vide, de ne plus penser à rien. Mais c'est comme s'il pleuvait. Je suis traversée. Je suis incapable de m'endormir. Toutes ces pensées... Quand je me couche, il faudrait que j'arrache une partie de mon corps pour souffrir comme il faut et n'avoir rien d'autre en tête que cette souffrance. Je me servirais de ce membre arraché comme oreiller. Je dormirais si bien comme ça. Je m'endormirais chaque soir en deux minutes en mettant la tête sur une cuisse, un gros orteil, un sein, un œil, ou une épaule… Le vrai sommeil. Pas ces efforts inutiles, pas ce temps perdu à chasser de ma tête un désir fantôme drapé de torchons interminablement blancs qui n'absorberont jamais les dégâts d'un bambin bien nourri. Ne plus perdre mon temps à remplir ce journal de bord, ce vade-mecum vide de méconium. J'ai des couches blanches qui claquent dans ma tête comme un foc bien tendu et ça m'empêche de sombrer dans le sommeil. Je voudrais dormir. Je sais, c'est le contraire de ce que je disais il y a une minute, je disais ça pour me faire à l'idée. Je voudrais être capable d'écrire sommeil en faisant quatorze fautes d'orthographe à cause de la fatigue et parce que je serais incapable de tenir l'œil ouvert sur la feuille et la main fermée sur le crayon. Je voudrais dormir.

Je tombe de fatigue. Je ne tiens plus debout. Je suis en déséquilibre. Je ne balance pas, ma tête tombe. C'est trop plein dans ma tête pour toute la vacuité qui emplit le reste de mon corps. Il faut que je dorme.

Je finis toujours par m'endormir, mais du sommeil léger des proies traquées. Quand je dors, je ronfle et ça me dérange. Je roupille comme une goupille et au moindre sursaut: boum, je saute du berceau.

C'est toujours le jour pour moi. Je n'ai jamais besoin de me réveiller. Je torréfie toutes les nuits. J'ai chaud et je roule dans ma suie. Je couche aux enfers, je fais des cauchemars en deux secondes. Je prends mes idées noires pour des réalités, je bois mon café fort pour me faire réagir. Et je fais la grimace. Je fais la gueule. Je garde le lait pour le mettre dans mes idées noires à moi. Pas dans le café. C'est dans ma tête que je trempe mon pain comme une vraie Française. C'est sur mes paupières que je mets du beurre. Je bois. Boire pour oublier. Il faut que j'oublie, mais ce n'est que du café. Le café est sans effet sur la mémoire. J'ai beau mettre tout le blanc que je veux, en sucre ou en lait, je n'oublie rien.

Je voudrai toujours un bébé.

C'est le matin et je bois. Je suis en état d'être habitée comme en état d'ébriété. Il faut que j'oublie la cavité en moi, l'espace vital. Je vais me remplir. Je ne bois pas toujours mon café. Souvent, je le verse bouillant dans mon vagin et jurle. JURLE ! Je pousse le cri incompréhensible du noyé. Dans mon corps montent les perpétuelles bulles criantes de vie étouffée. Je suis un aquarium et je m'emplis de café. Mon vagin est un trou de mémoire. C'est par là que je me souviens que je veux un bébé et c'est par là que je me remplis. Ça refoule, ça coule mal. Il faudrait que je me fasse un trou dans la tête pour que je me dévide comme il faut, que je me défasse de cette idée folle. Je veux oublier. Je veux noyer toute idée de bébé. Je veux avoir un vrai trou de mémoire dans la tête comme tout le monde, pas dans le ventre. Je veux avoir un gros trou. Je suis une bouée vide qu'on ramène, mais je veux être une cheminée pleine qu'on ramone. Je veux être l'artère malade sur laquelle on pratique un pontage pour que la vie se poursuive.

58

Je suis sabrée.

J'ai reçu un grand coup d'épée et j'ai perdu la tête. Je suis une bouteille de champagne ouverte en grand. Je suis décapitée et pétillante. Je répands tous mes globules blancs comme des bulles de vin blanc mousseux. J'ai complètement perdu la tête. Je suis profondément blessée. On dirait que je reviens de la guerre. J'ai la tête en bandoulière et je porte une jupe-bandage bien ajustée où je suis touchée. Ma vulve, c'est une blessure que je me suis faite au front.

J'ai perdu la tête durant la guerre avec le temps. J'ai mis mon ventre à la place. Je me suis rasé le crâne pour faire vrai. J'ai la tête lisse comme un beau gros ventre bombé. Il n'y manque qu'un nombril. Ma tête, c'est mon vrai ventre. Je la caresse. Je sens des coups dedans, ça bouge. J'ai un bébé dans la tête et j'imagine que je vais accoucher par la bouche.

Je suis blessée mais je ne vais pas l'hôpital. Je suis folle et je me soigne moi-même. Je vais coudre ma vulve. Moi-même. Comme une grande girurchienne toute fuckée. Mais avant, j'arrache mes paupières, sans sourciller, avec des pinces, sans rire, pour vrai. Je vais m'ouvrir les yeux à tout jamais et fermer mon vagin à huis clos. Je vais faire une belle liasse avec mes paupières et des paupiettes avec mes grandes lèvres. Ça va barder comme on dit.

Je ne veux rien manquer, les paupières en main comme une paire de billets aux premières loges. Pour ne plus que ces petites peaux qui clignent sans cesse fassent éclipses comme autant de petites têtes qui obstruent la vue au cinoche. Je ne veux plus fermer l'œil de la vie. Je ne dormirai plus. J'ai les yeux pleins d'eau bizarre. Je ne pleure pas, je saigne. Je vois tout embrouillé, j'ai les yeux mal foutus comme des vulves ensanglantées. Je vois comme avec des lunettes qui font mal le focus. Font mal.

Ma vulve, c'est l'explosion de mon corps. La mort passe par mon vagin pour arriver à ses fins. Au-delà de mon vagin, c'est le noyau nucléaire. Protons prêtés, neutrons feutrés et autres spermatozoïdes s'entrechoquent dans mon ventre et ça pète le feu. Mon triangle noir de poil, c'est une reproduction à l'échelle du champignon atomique. Ma vulve, cette chair déchiquetée, c'est l'éclatement de mon corps, c'est ma vie qui explose à l'intérieur et qui sort. Ma vulve, c'est une porte pour la mort. Mon vagin, c'est ma toute fin.

J'ai la mort au large des cuisses.

Je couds ma vulve. Je prends une grosse aiguille, mais pas trop grosse quand même, et du fil noir pour ne pas que ça se voit de loin. Je commence par les petites lèvres. L'hymen, c'est irréparable. À la première piqûre, je pense tout de suite aux petites Africaines qui subissent encore la clitoridectomie pour que ça passe mieux. Par solidarité je n'ai presque pas mal. Au deuxième point, ce n'est pas trop pire, ça peut encore passer. C'est au troisième point que ça se corse. C'est assez douloureux merci. J'ai mis de la glace dessus et dedans, avant, pour engourdir et aussi dans mon vin pour en anesthésier plus grand, mais rien. Je sens tout de A à Z mais il n'y a pas de mot pour ça. Au quatrième, je ne veux plus croire que, sur un continent dont la couleur est celle du sang séché, des petites filles souffrent plus que moi. C'est atroce. Je ne peux pas résister à l'envie de prendre une énorme gorgée de vin pour oublier le sort de ces jeunes Africaines. Je lève mon verre à la santé mentale de ceux et celles qui la pratiquent encore et je cale. Je fais nombril sec. Nombril sec parce que le cul, comme coupe, c'est nul.

Bèké bobo kèkun. J'ai mal beaucoup comme un bébé. Je retombe en enfance et c'est une chute de trente pieds. J'ai sauté du pont d'un navire en flammes. Je souffre tellement que ma douleur je l'appelle ma noyade. Quand je crie, des bulles montent à la surface dans ma tête. Je bois la mer noire à même la bouteille. Le vin, même coagulé, n'a plus aucun effet de bouée sur moi. Je pourrais piloter une Ferrari dans les rues de Rome à deux cents kilomètres à l'heure tellement mes réflexes semblent aiguisés comparés à mes aiguilles émoussées. J'ai mal. Je sens tout, vingt ans en arrière. J'ai la mémoire à sang, je suis sûre que je vais mourir. Si ce n'est pas déjà fait.

Mais je ne m'arrête pas à ça. La chair est faible et j'en profite. Je lui rentre dedans de plus belle. Je passe l'arme blanche comme une étoile filante dans mon trou noir. Mon vagin, c'est un trou noir. C'est une boîte de nuit, c'est un bar ouvert tard, mais c'est maintenant l'heure de la fermeture. Je me couds. Je fais des nœuds solides. Je fais des nœuds coulants avec du fil lubrifié mais ça fait mal quand même. Je me couds à tout jamais. Pour des siècles et des siestes, oh yeah! Je vais dormir en paix maintenant. Je me couds, vous ferez cela en mémoire de moi. C'est l'Église catholique qui va être fière de moi. Je vais me faire canoniser, ça va être une vraie fusillade! Je vais avoir des petits trous partout, ça va faire des beaux petits scapulaires tout en chair et en os. Je vais être la nouvelle vierge Marie, choisie entre toutes les femmes, cousue entre les deux jambes.

La violence faite aux femmes, je me la fais moi-même. Je me torture. Je suis une femme battue à plate couture avec ma vulve avec boutonnière. Zippée jusqu'au cou, je porte du cuir et je donne dans le maso. Je m'habille rock'n roll. Je mets des chaînes comme la télévision. Deux cents martingales en métal courbées dans mon dos comme des antennes paraboliques. Je suis contre la violence à la télévision, mais on n'est pas à la télévision ici, on est à la livre et je pèse mes mots. J'agis plein prix. Ce n'est pas du geste gratuit, je sais ce que je fais. Je fais une hémorragie externe. Je pisse le sang partout, à la grandeur de ma pièce et demie. C'est plein de sang sur les murs et le plafond. Sur le plancher je n'en parle même pas, ça m'écœure. Je saigne tellement que je vais bientôt déborder par la fenêtre.

C'est sûr que dans un livre, écrit comme ça, ce que je raconte peut paraître incroyable. Mais c'est vrai. C'est comme les petites vulves d'Afrique toutes décâlissées, toutes déclitorisées, on y croit difficilement, même sur photo.

C'est pour ça que j'ai tout photographié moi aussi. J'ai mis l'appareil sur un trépied et, avec un déclencheur à distance, j'ai tout pris, en série, vingt-quatre poses en vingt-quatre minutes, comme pour faire un film et pouvoir recomposer l'image, la regarder en accéléré ou au ralenti, à l'endroit ou à l'envers comme une plante à bulbe qui se ferme pour la nuit, mais que la magie de l'image ouvre à volonté.

Comme un lis, ma vulve flétrie.

J'ai tout pris en photo pour être prise au sérieux, pour qu'on me croie. J'ai pris mes plus beaux couchers de soleil. Comme dans le ventre de ma mère, mais cette fois de mon vivant, mon vrai à moi. Du rouge, du jaune, du fauve, du gothique flamboyant, du vitrail abstrait, du Wassily Kandinsky revu et corrigé, du grand art sans toutes ses normes.

J'ai finalement réussi à fermer coudre obturer, comme vous voulez et comme je pouvais, tant bien que mal, mes petites lèvres. C'est pour le nœud que j'ai eu plus de difficulté. Après neuf points en zigzag dignes d'une tournée des grands ducs un soir de noce, mon sexe n'est plus ce qu'il était. Tiré à quatre épingles, mais à quatre pattes.

Avant de poursuivre l'opération, je mets du peroxyde pour désinfecter un peu, sauf que je me trompe toujours et ce n'est pas du peroxyde que je verse sur la suture, c'est de l'alcool isoprobiblique ou alcool affliction, je ne sais plus comment ça s'appelle, mais je vous jure que je suis à genoux et que je gueule ma prière ! Je suis brûlée au troisième degré, marquée au fer rouge. J'ai maintenant trois gros X sur le minuscule w que forment mes petites lèvres. Une vraie brûlure censure. Ça chauffe, c'est l'enfer. J'ai l'impression d'être le calice électrifié d'un prêtre perverti assoiffé d'éther. Je voudrais faire du yoga et lécher ma plaie jusqu'à la lie pour me soûler, mais je m'évanouis.

❑

Quand je me suis réveillée, j'étais toute coagulée. Je n'ai pris aucune chance, je n'ai rien nettoyé. J'ai tout laissé tel quel.

J'attaque maintenant les grandes lèvres avec une plus grosse aiguille encore, plus grosse que jamais, plus longue que mon amour le plus long. Je passe le fil dans le chas de l'aiguille pour ma chatte à moi, et avec plaisir à part ça. Je préfère en rire parce que c'est assez terrible comme traitement-choc. Je dis Ha! je dis Ho! je dis Aïe! mais ce n'est pas assez, toutes ces onomatopées, c'est rien comme panacée, rien pour nous délivrer du mal que nous ne pardonnons pas à ceux qui nous ont défoncées. Je ne veux plus rien sentir entre les jambes. Se faire piquer avec une aiguille qui injecte un sédatif, ça vaut rien. La seule véritable anesthésie locale, c'est quand l'aiguille pique avec un fil et ferme l'entrée pour toujours. Je vais en finir avec les viols. En me cousant, je vais mettre un terme à tout ça. Point.

J'ai eu tout juste assez de fil, j'ai dû le nouer du bout des doigts d'une seule main de sorte que je me suis involontairement masturbée en faisant le nœud. Je suis une interrupteuridienne et j'ai joui. J'ai joui pour être quitte avec la douleur. J'ai fait un nœud et il ne dépassait qu'un bout de fil effiloché, comme une fiche électrique au bout du cordon escamotable d'un aspirateur. Je me suis fermée.

J'ai fait ce dernier nœud coulant comme une vie glissant des doigts.

59

Je me rhabille et c'est tout juste. Je veux dire que j'enfile une petite robe fourreau en latex noir. C'est excessivement moulant. Par-dessus, je porte un wet t-shirt blanc en guise de camisole de force pour bien montrer que je suis folle. J'ai l'air découragé du pingouin moyen. Comment, d'ailleurs, tenir à la vie sans bras ? Comment prendre un bébé contre soi ? Il faudrait que je m'habille comme du monde pour avoir un bébé. Louer un vrai toxedo, porter un nœud papillon. Je serais peut-être plus heureuse bien habillée. Je serais prête à mourir en tout cas. Je vais être belle dans un cercueil. Je m'y vois déjà, le sourire cousu jusqu'aux oreilles, les yeux grands ouverts parce que je n'ai plus de paupières. Je vais être belle pour une fois, avec des vêtements amples, démoulée de ma vie.

60

Je veux tellement donner la vie que je me donnerais la mort.

La vie veut ma peau. La vie me fait toujours penser à un bébé naissant et ça fracasse ma bonne humeur à grands coups de marteau dans le miroir. J'ai envie d'en ramasser une éclisse pour me faire miroiter les nombreux avantages de la douleur physique. Si j'avais deux vraies mains au bout de mes bras, je me tuerais par strangulation. Je m'étoufferais comme on fait cuire à l'étouffée. Je prendrais un bain-marie dont on ne revient pas, puis je me ferais revenir dans la poêle pour être bien cuite, tout enduite d'huile, bronzée à croquer, étendue toute nue sur le dos, endormie comme la belle au bois dormant mais sur un bûcher. Je veux me faire chauffer les fesses comme une enfant tannante. Je veux me faire souffler comme du verre sur le feu. Grossir, gonfler. Ne plus être en bois, mais en verre. De la vitre. Ne plus brûler de désir, de rien, mais jouir. Ne plus m'enflammer, mais éclater comme une bouteille à bulles sur un bâtiment qu'on baptise.

J'ai un miroir brisé, j'ai une photo de moi fini glacé cassée partout par terre. Mon seul désir est en mille miettes et je marche dessus comme un fakir.

La vie me rentre dedans.

La vie me rentre dedans, ça ne veut pas dire que la vie entre en moi. C'est tout le contraire. Je voudrais que la vie me rentre dedans sous forme de petit bébé. Je veux qu'elle entre à l'état pur et non à l'état dur.

Je fais la bouteille. Je fais celle qui veut se faire remplir. Je fais la siphonnée. Pour parler sans rapport médical, je suis folle, j'ai la tête à quatre pattes, j'ai la santé bancale comme on dit. Je suis folle mais l'appellation contrôlée, c'est schizophrénie, je pense. Je suis un château schizo mille neuf cents tranquille, grand cru classé, fiché, timbré. Je me prends pour tout ce qui bouge, tout ce qui se bouche. Je peux me prendre pour un autobus aussi bien que pour une bouteille de vin, pourvu que ça puisse être vide. Parce que moi je suis vide. Je suis vide comme un château vidé, abandonné, désaffecté, plein de fils d'araignée. Vide comme une bouteille désinfectée, stérilisée, prête à remplir.

Je suis vide.

61

Je refais l'autobus.

Je redis tout ce qui me traverse l'allée. Je suis un vieil autobus au rancart, le pare-brise cassé. J'ai toujours le vent dans les yeux. Ça me fait pleurer. Je pleure à cent milles à l'heure. Personne ne prend place en moi. Je voudrais être un autobus plein d'écoliers, mais personne ne court dans l'allée. Si je prends les présences, ça rime avec silence. Je veux nommer du monde. Mais rien. Ça me fait quelque chose, ça rime avec ecchymose. Je veux être un autobus jaune plein d'enfants, avec des clignotants qui clignotent quand la porte s'ouvre, quand les enfants entrent et quand ils sortent. Moi aussi je voudrais avoir des clignotants quand j'ouvre mon corps pour l'amour. Ça clignoterait aussi quand j'accoucherais. Les enfants sortiraient de moi et ça clignoterait comme autant de clins d'œil à la vie.

Je perds lentement la vue. Mes yeux sèchent. J'ai arraché le plastique devant la fenêtre parce que je ne voyais plus dehors. Je mouille mes yeux souvent mais l'étincelle est toujours là. Je veux un bébé, c'est incandescent. Je vais toujours vouloir un bébé. J'ai la combustion lente.

Je perds lentement la vue, mais pas le feu.

62

Je vais croiser les jambes pour toujours. Dorénavant je vais écrire «entrejambes» collé. En un mot, je ne veux plus faire l'amour. Si ce n'était que de moi, j'aurais un enfant autrement. Je ne ferais plus tremper dans mon ventre bouillant les infusions de fusées qui carburent mon cosmos sans osmose. Je ne veux plus rien mettre dans mon vagin comme on s'enfonce profondément le doigt dans la gorge, sinon je vais vomir. Je suis écœurée de moi. Je suis complètement malade. J'ai mal au cœur. J'ai mal au ventre. Je suis menstruée.

Les menstruations, c'est quand la muqueuse utérine s'impatiente, qu'elle en a plein son casque et que ça lui sort par les oreilles. Je suis une muqueuse utérine, je pense. L'impatience me ronge les sangs. Je veux être enceinte au plus vite. Je n'ai plus de sang à perdre comme on dit lorsqu'on attend un enfant.

J'ai envie de perdre la carte. Pas la carte du monde, pas la carte des vins : la carte de crédit. Je ne veux plus consommer. Je ne veux plus rien mettre sur mon compte. Je ne veux plus jamais être dans le rouge. Je ne veux plus rien savoir du sang qui crédite mes veines. Je veux liquider mon sang pendant qu'il dégage encore un peu de chaleur, avant qu'il n'ait plus aucune valeur.

JE NE VEUX PLUS JAMAIS AVOIR DE MENS-TRUATIONS !

C'est plus clair que du sang, je crois.

J'ai mal au ventre. Je suis menstruée. Je ne veux plus subir ces révulsions inefficaces. C'est ma tête que je dois faire soigner. Je suis une femme et tous les trente jours, sans compter, je suis malade et je me traite de folle en guise de traitement. C'est de ma tête que je dois chasser le sang, pas de mon ventre. J'ai le ventre bidon.

Je veux un bébé et non des menstruations. Je ne veux plus perdre mon sang goutte à goutte comme un érable entaillé. Je ne veux plus faire du sirop comme si c'était le printemps une fois par mois. Je ne veux plus que ça explose dans mon ventre et que ça saigne comme si des milliers de personnes y étaient tuées chaque mois comme à la télé. Je ne suis pas une télécouleur. Je ne veux plus de guerres civiles en moi et je combats le feu par le bleu. Je m'asperge la vulve de bleu de méthylène pour me désinfecter comme il faut chaque fois que mon ventre passe par les armes. Je mets du bleu sur le rouge. J'ai des menstrues monstrueuses mauves. J'ai l'air d'une télécouleur sur pattes mais je suis un magnétoscope quatre têtes. Je suis un monstre qui se souvient de tout. J'ai en mémoire chacune des fois où j'ai fait l'amour. J'ai des milliers d'érections sur bande. Je me rappelle toutes les superbes nuits passées avec Joseph, ces nuits étoilées passant plus vite que des années-lumière, ces nuits étincelantes où mes iris reflétaient des Sirius, ces nuits de clarté, de blancheur et d'insomnie neigeuse. Je revois clairement ces nuits chaudes d'hiver et nos corps couverts de flocons de doigts que l'on amoncelait avec de longues et larges caresses. Je me souviens aussi de tous les clients passés en coup de vent. J'ai fendu l'air croyant faire l'amour. Quand je me suis aperçue que la vie ne s'accrochait pas en moi, le cul m'a soudainement écœurée, comme si chaque sexe téléscopeur avait atteint mon cœur à l'intérieur. Comme si chacun m'était passé dans le ventre sans vie. J'ai le ventre sans cœur. J'ai le ventre écœuré.

63

Je suis enfermée dans un petit une-pièce-et-demie du centre-ville, au quatrième, avec vue plongeante sur un trottoir plus chiant encore que les crottoirs de Paris. Tous les trottoirs me font chier comme si j'étais en laisse. Je ne veux plus jamais mettre les pieds sur un trottoir. Si jamais je remets quelque chose sur un trottoir, ce sera mon beau visage. Si je remets les pieds dehors, ce sera en dernier. Après vous, mes beaux yeux! Si je vais prendre l'air un peu, je vous jure que je vais être dépeignée comme il faut. Je vais sauter tête première en bas. Si un jour je retourne prendre une marche, ce sera une marche de quatre étages. L'escalier de ma vie!

J'habite Berlin. J'ai reconstruit à l'échelle le mur de Berlin et, même à l'échelle, c'est infranchissable. J'ai amoncelé tout ce que j'ai contre la porte pour bloquer cette sortie, forcer ma réclusion. J'étouffe. J'ai tout juste assez de place pour penser, c'est à peine plus grand que ma tête, ici. La pièce est trop petite pour la folie hitlérienne qui dévaste mes neurones comme une Europe à la merci de la haine. Je le répète, c'est plus vrai que jamais, mon plus profond désir est de voir crever toutes les bombes à retardement bombées que sont les ventres des femmes enceintes. Je rêve de voir éclater toute cette peau prête à fendre.

Je prie fers et bombes de transpercer tous ces ventres pleins dans le sens des aiguilles d'une montre, c'est-à-dire le plus tôt sera le mieux. Je ne me casse pas la tête, je triture en pensée tout ce qui accouche. Je tue et défigure les personnes du sexe fiable, celles sur lesquelles on peut se fier pour faire de beaux bébés. Je ne veux rien savoir de personne au féminin pluriel. Quand je vois un beau visage au-dessus d'une grosse bedaine, je le dévisage. Pas avec mes yeux mais avec ce que j'ai sous la main, c'est-à-dire des doigts crispés par la manucure d'une esthéticienne exacerbée par la rage de ne pas avoir d'enfant. C'est moi l'osthidchienne et j'ai mon propre institut de beauté qui tue. Mais je suis sans cliente, je suis seule et je tue le temps.

Je ne vois personne, donc je ne tue pas. Tous mes funestes projets s'envolent en fumée comme après une explosion formidable. Ma cellule est trop petite pour deux personnes : le meurtre y est impossible. Je m'adonne donc à des activités solitaires. Mes possibilités de déroger au code pénal sont aussi minimes que mes possibilités de mouvement. J'ai à peine de la place pour me masturber : c'est grand comme ma main, ici.

64

Ça prendrait un extincteur de voix pour me faire taire, pour m'arrêter, pour empêcher que je me propage dans ce tas de feuilles blanches et sèches. Il n'est pas question que je me taise. Le foyer d'incendie est dans ma tête. Je n'arrêterai pas de m'enflammer, de monter dans le ciel. J'ai de la braise avec des ailes. Je suis aux oiseaux. Des oiseaux de feu. Je suis aux poudres.

Je m'incinère avant même d'être morte. Je brûle mes étapes. Je me brûle par les deux bouts de la mèche. Je suis au bout du rouleau. Ma bobine tourne dans le beurre. Je suis un steak bleu qu'on tourne une fois dans la poële et qu'on sert sur un plateau d'argent comme la tête de Saint-Jean-Péquiste. La tête et le corps détachés. Je vais me séparer moi aussi et allumer un feu du 24 juin aujourd'hui même. Je me transforme en vraie cendre, en vraie terre, en vrai pays.

65

Je dis littéralement tout ce qui me traverse la rue. Ma tête est une rue piétonne, mais je voudrais qu'elle soit un rond-point comme celui de l'Arc de triomphe pour que mes mots se fassent écraser. Mais pas de danger, en moi, ça circule à pied. Mon vagin, c'est la rue Saint-Denis et mon ventre, c'est le Vieux-Port. Je suis une ville à moi toute seule. Je ne suis plus Pompéi. Je suis une ville francophone d'Amérique et je n'ai pas le bas de la ville fortifié. C'est plein de touristes dans mes vieux quartiers où j'ai perdu la guerre, où je la perds encore. Je suis aux mains de l'ennemi. Je suis aux mains. Je suis aux mains ce que le pied est au cul. Je suis un bon coup. Je suis une pute et ça tire des coups dans mon ventre. Ça tire. C'est de l'assassinat légalisé. Faire l'amour, c'est une mesure de guerre.

Je me sauve, c'est la panique. Je dis tout ce qui me traverse la rue. Je ne regarde ni à gauche ni à droite avant de parler. Je ne veux plus parler comme du monde, ça m'écœure. Je veux mourir comme du monde, je veux me liquider comme du vin, je ne veux plus dire un mot de ma vie. Je suis folle raide. Je veux articuler ma pensée avec les mots, mais je distorsionne. Je phonétise mon fun noir. Je pense en paroles. Je dis tout ce qui me traverse la rue, moi la grande ville. Mes hanches étroites sont un petit bassin de population et mon utérus est un fleuve qui renverse, qui traverse mon ventre froid du nord vers le sud. Je suis presque un pays. J'ai les cheveux au vent, battant pavillon étranger, j'ai le visage comme un drapeau aux armoiries larmoyantes, je m'effiloche.

Je dis tout ce qui me traverse la rue mais je veux la fermer. Je veux m'exproprier. Le cadastre est tracé sur mon ventre. Mon pentagone, je vais le découper. Je veux m'excaver. J'ai une envie omnivore et un désir diesel de procéder à l'excavation des zones érogènes de mon corps. J'ai une tête de pioche et je vais me creuser un trou. Un bulldozer dans une main, une pelle mécanique dans l'autre, le doigt sur la galette, je suis prête à tirer — BANG! — mon argent par les fenêtres. Let's go, les gros travaux! Pas de quartiers! comme on dit. Pas de quartiers résidentiels pour moi. Pas de petites familles. Je vais m'excaver. Les gros travaux, la grande opération.

Je veux de moins en moins vivre.

Je ne veux plus vivre même.

Tiens, c'est décidé! Ma décision est prise. Elle est irrévocable, sans appel, je ne changerai pas d'idée. Il n'y a rien faire, il n'y a rien à dire, il n'y a rien à vivre. C'est fini, c'est fini, c'est fini. Je ne le répéterai jamais assez. Je veux que ce soit clair comme de l'eau de roche qui tombe de haut mais pas l'eau, la roche. Et sur la tête, pour que ça m'entre dans la cervelle une fois pour toutes. Je devrais me couper les doigts au lieu de ne pas me tuer. Il faut que je meure au plus sacrant pour qu'on me bénisse au plus haut des cieux. Je veux qu'on m'enterre, qu'on fasse de moi un terrain engraissé de marraines mortes, un terroir propice à la récolte de fruits rouges. Je veux devenir de la terre.

Terre des hommes.

Terre promise.

Je vais me faire enterrer dans l'intimité.

Ce qu'il y a de bien avec le suicide, c'est qu'on peut envoyer soi-même les invitations pour le service funèbre. En principe, au mien, si tout le monde vient, on ne sera pas nombreux. Quand je vais mourir, il devrait y avoir assez de joueurs pour une partie de scrabble. Le peu de gens présents à mon enterrement vont pouvoir jouer au Monopoly, au billard en équipes, à la pétanque, au poker et aux fesses. Je vais tout organiser. Ils pourront même, s'ils ont le temps, se taper un petit tournoi de backgammon, chanter quelques chansons à répondre, puis faire la dégustation d'un vin et de quelques fromages. Quand je vais être morte, ça va être le temps des fêtes, et mes invités pourront faire un échange de cadeaux sans piger de noms, s'en donner chacun un sans être cassé. Je vous jure que ça va être le fun quand je vais mourir, ça va presque être Noël, la nativité.

Je ne veux plus mourir, je veux nourrir. Je veux allaiter, donner du lait. Je veux être une ferme laitière, une femme à part entière. Je veux être la crème de la crème.

Je veux être une femme au complet, une vraie. Pas seulement 35 % à fouetter, à battre comme des œufs avec un œil au beurre noir. Je veux être un vrai produit laitier, comme une poule pondeuse les seins pendants. Je ne veux plus avoir des seins pour rien. Je veux avoir des seins pleins, me lever trois fois par nuit pour allaiter parce je ne dors pas de toute façon. Je veux nourrir avec une fourchette ou bien je me tue avec un couteau. Je veux nourrir avec mes seins ou mourir comme un chien. Je veux que la vie rime à quelque chose à la fin.

Je veux devenir une ferme. Pas une femme, une ferme. Je veux être laitière, bovine, ovipare, n'importe quoi. Je veux être productive. Je veux être une mère poule, une mère vache ou une mère pute comme putatif, une mère qui remplace, qui réchauffe le banc. Je veux de la marmaille. J'ai juste besoin d'avoir un ovule fécondé et je le couve, j'en prends bien soin, je le garde. Je veux un œuf, un vrai duquel sortirait un bébé, que je couvrirais comme un poussin. Mes seins me servent d'ailes comme une poule à qui elles ne servent à rien. J'ai des seins pour rien. Ils sont trop petits pour que je m'envole, trop petits pour que je tripe lorsqu'on les touche. J'ai des seins trop petits pour que je puisse flotter. Ce sont des bouées pour bébé seulement. Ce n'est pas du lait dedans, c'est de l'air. Des seins à bout de souffle.

66

J'ai envie de sauter du quarantième étage et de me tuer. Je veux de nouveau mourir. Je ne veux plus être, comme dans *L'être et le néant*. *L'être et le néant*, ce sont mes livres de chevet de chaque côté du berceau. J'en ai deux exemplaires comme une belle paire, deux bouquins comme des gros seins. De vraies mamelles. Je voudrais avoir de pareilles briques adoucies à ma poitrine, deux gros volumes lus et relus, les coins arrondis, érodés par des mains savantes. Les seins comme des ogives de gros calibre, mais tout de même des livres. J'aurais de gros seins pour me faire aimer d'un bébé naissant, d'un nourrisson assoiffé, et non de ces illettrés qui confondent aéronef et *nrf*, qui n'apprécient des seins que leur fuselage, cette forme qui les porte dans les nuages, mais sans imagination.

Je veux mourir. Je lis un bout de *L'être et le néant* tous les soirs et ça me fait mourir. Je ne veux plus faire comme ces phrases qui ne finissent plus, je veux mourir vite. Je ne veux plus être comme dans *L'être et le néant*. Être. J'ai hâte d'appartenir au passé simple. Je fus. Je fus, ça veut dire que je ne suis plus. Être à la première personne du passé simple, c'est le bon vieux temps vécu sans regrets. J'ai hâte d'être morte et de dire «j'étais». J'ai hâte de parler de moi à l'imparfait de ma vie défaite. Je joue sur les mots et ça me fait mourir. Tout ce que je retranscris sur papier a d'abord été écrit sur ma peau, puis raturé jusqu'au sang. Chaque phrase parfaite est une blessure profonde, mais je survis. Écrire un chef-d'œuvre eût été le suicide parfait.

67

J'ai envie de sauter du quarantième étage et de me vautrer dans le béton, de mêler ma peau à l'eau, mon sang au sable, ma vie au gravier. Je vais enfin faire le trottoir pour vrai. J'ai seulement quatre étages. Je voudrais tomber de quarante étages en même temps. Je voudrais tomber de n'importe quel édifice que je ne suis pas capable d'acheter parce que si je voulais, si je volais, je pourrais m'acheter un beau triplex, split-level, six étages au total. Mais rien pour se péter la tête sur les murs. Moi, il faudrait que je saute d'un immeuble dont je ne serais pas capable de payer les mensualités même si je dépucelais tous les banquiers de Genève. Je vais me faire acheter la tour Eiffel, la tour de Pise et l'Everest ou encore, plus simplement, je n'ai qu'à sauter en bas de ma folie qui est un sommet en soi.

Je vais sauter.

Je suis une chatte mais je ne tomberai pas sur les pattes. Je suis une chatte, un autobus, un aquarium, une ferme, une bouteille, une plante, une planète, n'importe quoi.

Je suis dans tous mes états, sauf un.

Voler

68

Je vais sauter.

Je voudrais grimper dans les rideaux pour sauter d'encore plus haut, mais je grimpe dans les rideaux comme tout le monde parce que ma fenêtre est toute nue. Je m'accroche aux cadrages. Je voudrais arracher les moulures pour en faire des échasses. Je veux lever de terre. Ma tension monte comme un ascenseur vide. J'ai les artères tendus comme des câbles d'acier au bout desquels mes viscères tirent. Mon cœur a des portes coulissantes. J'ai le cœur qui s'ouvre pour rien à chaque étape de ma vie. Je suis une cage d'ascenseur. Je suis une chute à linge. Je n'ai personne en moi, ce n'est pas un bébé que je porte, ce sont des vêtements gorgés de sang et de sueur encore tout chauds au fond. Je suis toujours presque nue. Mes vêtements, c'est dans l'utérus que je les porte. Quand je me déshabille, c'est une chute de fine lingerie. Quand j'enlève mes jarretières érotiques, mon slip en latex et mon arsenal de breloques de toutes sortes en plastique et en métal et qu'enfin on me touche, je ne sens rien. Je suis comme en bois. J'ai le ventre sans branches. Je suis un arbre abattu, une bûche avec une bouche, une femme coupée au couteau, passée au banc de scie.

Je vais sauter par la fenêtre.

À cheval sur l'allège, je suis une vulgaire épingle à linge, une épingle à linge qui va se décrocher tout comme je me suis détachée du ventre de ma mère. Mon cordon ombilical a été pour moi la corde raide de laquelle je suis tombée dans le vide. Quelque chose m'échappe.

J'ai le corps en chute.

69

Je suis une bombe. Je suis enfin ce que j'ai toujours voulu être. J'ai sauté mais je n'ai pas explosé pour vrai. En fait, je n'ai été une bombe que le temps de ma chute. J'ai sauté par la fenêtre comme une femme qu'on largue. Dès l'impact au sol, c'était fini. J'ai sauté mais je ne suis pas une bombe. Je n'ai pas le ventre à retardement, j'ai tout simplement le ventre en retard. J'ai raté mon avion, un point c'est tout.

J'ai sauté. Mon rêve s'est envolé en fumée, mais la poudre noire congestionne encore ma tête.

Si j'avais été une vraie bombe, j'aurais pété le feu. Je voulais mourir comme un lance-flammes, mais je crève à petit feu, avec des allumettes. Je me suis seulement cassé la gueule et ça m'écœure. J'ai sauté comme un pétard mouillé. Je me suis cassé les jambes, vêtue d'un maillot super-sexy, et je nage dans mon sang. J'aurais dû sauter dans une piscine tant qu'à me baigner tout habillée. Je suis belle quand je me baigne, bien moulée dans un body en coton trempé. J'aurais pu mettre aussi ma robe en latex pour avoir un vrai wet look, ou enduire mon corps nu de gelée de pétrole comme si ça pouvait allumer les yeux. Je veux être incendiaire. Je veux être l'huile sur le feu.

Mais je suis sur le trottoir et sur un trottoir j'ai toujours l'air d'une pute, peu importe ma tenue. J'ai les cuisses ouvertes et la hanche luxée comme pour la luxure. Je suis toute défaite. Je saigne de partout et une côte me sort du ventre. Je dois être vraiment très belle parce que tout le monde me regarde. Je suis suggestive comme un digestif qui met l'eau à la bouche. Je suis à l'horizontale comme pour baiser une dernière fois. Je me suis déhanchée comme jamais et j'ai gardé la pose jusqu'à ce que je ferme l'œil, façon de parler.

70

Vous auriez dû voir la tête du médecin quand il a vu ma vulve bien cousue, mes paupières disparues et ma main tuméfiée ! Si vous l'aviez vu, vous auriez pu me décrire sa réaction, et ça devait être quelque chose, parce que moi j'étais dans le coma et j'ai dû tout imaginer. J'ai vu son regard : il se doutait bien que je ne m'étais pas fait tout ça en tombant. Il aurait fallu que je saute d'un avion en vol pour avoir le temps de me faire une couture comme ça avant de toucher le sol. Il aurait fallu que je saute d'un escabeau assez haut pour décrocher la lune pour me faire une fracture ouverte qui arrive à la cheville de cette entorse aux bonnes mœurs.

Je suis complètement défaite, ouverte, j'ai toutes sortes de blessures, mais c'est ma vulve la plus touchée. Je me suis fait bombarder. J'ai la peau en métal dans ce coin-là et je suis coupante. J'ai des lèvres acérées, des vraies en acier. Je suis une boîte de jus de tomate ouverte en V.

C'est la première chose qu'il a opérée, ma vulve. Le médecin a enlevé tous les points sans même vérifier si les tissus étaient solidement soudés. Évidemment, tout a lâché. Mon vagin s'est rouvert et tout est à refaire. Je suis de nouveau à la merci de l'infection avec ma plaie prête aux saignements.

Je me suis réveillée deux jours plus tard. Je me trouvais à l'hôpital, mais je ne le savais pas. J'ai pensé que j'étais finalement morte et que je me ramassais au paradis parce que c'était blanc partout. Je voyais tout dans la ouate. Des cumulus, comme. Un ange a enlevé mes nuages souillés pour les remplacer par des neufs. Durant l'éclaircie, j'ai vu plein de machines clignotantes et compliquées. J'étais vraiment certaine d'être au ciel parce que tout cet appareillage aussi coûteux que céleste aurait expliqué tous les miracles du nouveau testament. Mais j'étais à l'hôpital, parce que Dieu, lui, il m'aurait tout pardonné et je n'aurais pas eu à vivre le purgatoire, ni les soins intensifs. J'étais à l'hôpital et je suis passée au cash : le Conseil d'aide spéciale aux hospitalisés, comme on dit. Je n'ai rien répondu à des centaines de questions et, après des heures d'interrogatoire aux projecteurs et d'examens de conscience passés au scanner, je n'ai rien révélé de mes convictions politiques et je me suis fait renvoyer à mon isoloir pour voter en paix.

Je suis une erreur de manutention, car je devrais être en psychiatrie plutôt qu'aux soins intensifs. Ou en obstétrique ou en physio, mais pas ici. J'aurais voulu me fendre en quatre avec leurs scalpels et leurs stylos pour me répartir également dans chaque département. Mais je suis tout d'une pièce. J'ai ma petite chambre à moi toute seule. Je suis seule comme une fleur dans un canon, mais je crois bien ne plus être explosive.

71

Je suis un autobus dans ce lit. Je capote, je fais du top, je vire à l'envers. J'ai la tête en bas comme l'enfant que j'ai dans mon ventre mais qui est coincé. Appelez vite les pompiers ! Vite ! les pinces de décarcération pour extraire de moi la vie ! Ne faites pas attention à ma tôle. Je suis déjà folle, je suis une perte totale, je suis mortelle et ce n'est pas grave. Vite, ça presse, les forceps...

Je suis à l'hôpital comme au garage. J'ai du plâtre et du masking tape partout, comme un autobus qu'on répare et qu'on va repeindre. Je vais me faire faire une chirurgie esthétique. Je me suis déjà fait faire un débosselage à la place de mon dépucelage, une métallurgie en guise d'orgie. Je vais me faire réparer, je vais être comme neuve. Mon entrejambes, ça va être l'empattement parfait pour l'essieu de monsieur. Je vais devenir privée, je vais devenir grosse. Je n'aurai plus la douceur d'une mécanique allemande avec mes longues jambes, je ne ferai plus la Suédoise avec ma vulve à la Volvo. J'ai fini de faire la petite Japonaise, la geisha qui aguiche. J'ai fini de jouer au taxi. Je vais enfin faire la grosse Américaine, la pute de luxe. Je vais être quelqu'un, je vais avoir une belle finition intérieure, des sièges moelleux, des jupes en daim, le cul en tissu, je vais être confortable, je vous le jure !

72

J'ai un nombril sur le cœur.

Mon cœur est venu au monde comme tout le monde. Il est né et son cordon ombilical a été coupé. C'est un être à part entière, mon cœur. C'est devenu une sacrée belle femme avec le temps. Tout un corps... Mon cœur, c'est une danseuse. J'ai passé une échographie, mais on ne le voit pas très bien. Mon cœur bouge toujours, impossible de bien le cadrer. Mon cœur se dandine en bikini très décolleté dans ma poitrine et ce n'est qu'en de très rares occasions qu'il s'arrête. Quand mon cœur déconne, il prend des poses, il met les mains derrière la tête et se déhanche un brin, quelques secondes, puis il se remet en branle. Mon cœur danse du ventre et il n'arrête pas deux minutes.

C'est certain, ce n'est ni un kyste ni une tumeur, il s'agit bel et bien d'un nombril, un vrai, sur le cœur. Comme une cicatrice laissée par le néant. J'ai un nombril sur le cœur et c'est un ressentiment profond. Je regarde le trou sur mon ventre, pareil à la petite grotte dans mon cœur, et je me rappelle mon enfance. On jouait à la guerre et on faisait semblant que le nombril, c'était un trou de balle. On jouait à la guerre et on crevait toujours d'un plomb dans l'abdomen. C'était la seule mort envisageable.

J'ai un nombril sur le cœur. Mon cœur est mort d'une balle dans le ventre.

73

Je suis pauvre dans ma tête.

C'est dans la tête que je suis pauvre parce que la beauté s'achète. C'était sur mon visage, la richesse, et dans ma peau, l'argent. Tout ce que j'ai possédé, c'est avec mon corps que je me le suis procuré. Avec la tête, je n'ai jamais rien pu acheter, je n'ai jamais pu la vendre. La propriété intellectuelle, c'est l'immobilier des laides. Je voulais devenir riche de l'esprit. Je me suis défaite et défigurée, et ça ne m'a rien coûté. Je n'ai rien sorti de ma tête, ni de ma poche. J'y avais pourtant une arme, mais j'ai préféré économiser mes balles. Je me suis arraché les paupières et cassé la gueule sans que ça me coûte les yeux de la tête. C'est hors de prix ce que je me suis fait. Vous devriez me voir, je suis difficile à croire tellement mes quatre vérités sont apparentes. Mes vérités, ce sont mes cicatrices. Je les appelle comme ça parce qu'elles ne sont pas bonnes à dire. Quand on me croise dans le corridor, on baisse les yeux à cause de la vérité en face. La Marylin Monroe en moi est morte. She is dead et je suis laide. N'empêche que je connais des gens qui m'aiment et me regardent. Cathy par exemple. C'est sûr que ce n'est pas à la portée de tous mais, pour une prostituée qui est bien payée, de l'amour, c'est possible d'en donner.

Cathy m'aime avec son cœur, mais je comprends parfaitement que plus personne ne m'aime avec les doigts. C'est avec les doigts qu'on aime d'amour. Ce n'est pas avec le cœur. Le cœur, c'est uniquement pour les apparences. Le cœur, c'est la marque de commerce mais ce n'est pas la chaîne de montage. Ce sont les doigts, les vrais manufacturiers d'amour. C'est avec la main qu'on caresse. Le cœur, c'est pour vendre. Un cœur, c'est quelque chose qu'on peut styliser. On peut lui donner une forme marketing, une forme vendable. C'est pourquoi il y a des boîtes de chocolats en forme de cœur à la Saint-Valentin et qu'il n'y en a pas en forme de main. Le cœur, c'est pour la manipulation, mais c'est avec les mains qu'on manifeste les sentiments. Les mains se vendent mal. La forme la plus stylisée de la main, c'est le poing. Et un coup de poing, ça se donne…

Le cœur, ce n'est pas pour aimer, c'est pour payer. Le cœur, c'est du liquide tout craché. C'est avec le cœur qu'on paie et parfois ça coûte tellement cher qu'après tout est sans intérêt. Je le dis à la légère mais je le pense vraiment. Personne ne va droit au cœur. Personne ne se présente en personne au coffre-fort. Pour aimer, il faut passer au guichet et, le guichet, c'est le visage. Moi maintenant, j'ai des yeux antiballes. J'ai le visage à l'épreuve du vol. J'ai les yeux durcis et je souris difficilement. J'essaie d'avoir l'air d'une banque avec des airs doux irrésistibles comme des heures d'ouverture impossibles, mais j'ai un visage de verre comme à la caisse. Les yeux toujours ouverts, je ne dors plus. Je surveille, je suis la police en alerte. Je suis de garde vingt-quatre heures sur vingt-quatre et j'ai les traits tirés comme des balles perdues. Je suis fatiguée. J'ai les nerfs en boule et j'ai peur. J'ai le visage crispé et je souris presque. Mon rictus passe inaperçu tellement mes cicatrices sont larges et profondes, il ne leur manque que les dents pour vraiment rire.

Ça n'a pas l'air de ça, mais tout ça, en surface, c'est presque guéri. Ça ne fait presque plus mal nulle part. On peut mettre son doigt délicatement sur l'écorce dans mon visage et je ne sens presque rien, je suis comme en bois pour vrai.

Je suis maintenant très laide. Je me maquille plus que jamais. Je me macule, je me mâchure, j'en mets, je mens. C'est de l'art figuratif, ma mascarade. C'est du mensonge, ma poudre aux yeux. Ce n'est pas laid, mais ce n'est pas vrai. Ce n'est pas beau, mais c'est bien moi.

74

Cathy vient me voir depuis que je suis à l'hôpital. Elle emmène Paula. Chaque fois, je prends Paula dans mes bras, comme je peux, à cause de l'artillerie lourde qui me tiraille de partout comme une guerre de tranchées. Je la prends sur moi et ça me fait très mal, mais ça ne fait rien à cause du bien que ça me fait, et tout s'annule.

Cathy ne me parle pas et moi non plus je ne risque aucun dialogue. Ce n'est pas mon fort, parler. Je n'ai aucun talent pour les dialogues. Je ne peux vivre que ce que je peux écrire. Je me ferme. Je ne parle pas. Jamais ou presque. Cathy le sait. D'ailleurs, je suis tellement effrayante que personne ne me parle. J'en bouche un coin quand on me voit. Ça fait la bouche bée et il faut prendre une gorgée pour ne pas s'étouffer. Je suis dégueulasse comme quelqu'un qui parle la bouche pleine. Il faut être aveugle pour ne pas avoir peur. Il faut être myope pour s'approcher de moi. Mais Cathy et Paula, leurs yeux sont en métal. Ce ne sont pas des yeux sculptés en bois comme tout le monde. Ce sont des yeux qui ont été fondus et moulés dans leur visage pour qu'ils durent plus longtemps. Ce ne sont pas des yeux qui vont pourrir comme tout le monde, ce ne sont pas des yeux en bois qui flottent, ce sont des roulements à bille. Lorsqu'ils roulent dans l'eau, ils rouillent.

Je voudrais être la mer salée qui fait pleurer tout le monde. Je veux être l'eau qui accélère l'oxydation, qui facilite la flottaison. L'eau qui pique les yeux.

75

J'ai maintenant perdu la vue. Cathy est là et je me contente de lui prendre le poignet comme pour pendre son pouls. Je la prends par la main comme pour traverser la rue. Elle est toute délicate, Cathy, elle est si douce, sa peau. Je ne peux même pas fermer les yeux pour imaginer son visage, son sourire, et donner forme à sa bonté dans ma tête, comme si ce n'était pas déjà assez plein là-dedans. Je la tiens par la main et elle ne dit pas un mot, mais je sais bien qu'elle est enceinte, pas beaucoup mais quand même. Je prends son pouls et c'est double. Je suis certaine qu'elle est enceinte alors que c'est moi qui veux un bébé. Cathy me cache sa maternité pontificale depuis le début. Je m'en doutais. Que faisait-elle le jour radieux de notre première rencontre dans ce parc grégorien sinon célébrer l'eucharistie alambiquée de la vie dans son ventre ? Elle officiait et officie encore la macération monastique de son pain dans le vin. C'est la parole de Dieu qu'elle porte en elle. Quand on est papesse, ça commence par une petite encyclique du Saint-Esprit dissimulée sous le corsage, mais bientôt c'est toute une encyclopédie qui se cache sous la chasuble et ça leur fait vite un ventre gros comme ça. Cathy est enceinte. Je lui demande dans ma tête de me donner son fœtus, mais elle ne veut rien entendre. Si je lui posais la question à haute voix, je la connais, elle me dirait qu'elle n'est pas enceinte pour ne pas me faire de peine. Au fond, c'est une hypocrite. Toutes les femmes enceintes sont des hypocrites, surtout les premiers mois, quand elles grossissent et que c'est imperceptible. Mais moi, on ne m'en passe pas. Je flaire une future mère à cent mètres. Imaginez quand je l'ai sous le nez. Cathy, c'est une hypocrite. Pourquoi elle me fait ça ? Pourquoi me fait-elle un bébé sous le nez comme si ça n'allait rien me faire ? Ça me fait quelque chose. Cathy à moi qui me fait ça… Un bébé sous le nez.

76

Je vous jure, des malades mentales comme moi, il ne s'en interne plus de nos jours. On les met dehors. C'est la désinstitutionnalisation. C'est le plus long mot que je connaisse, mais on dit « désinse ». Tout ce que je dis, c'est coupé court. Je suis une malade mentale et c'est moi qui fais la loi. J'ai une licence pour le silence et c'est tout. Je n'ai pas droit de parole, je suis inapte à subir mon procès. Je suis folle raide, étendue sur le dos. Je suis une cancéreuse générale, une grabataire particulière. Je me menace, je fais un revolver avec ma main et je joue à la roulette russe, le temps sur la tempe. Je vais me réincriminer et me remettre en prison. Je ne ferai plus partie du monde une fois pour toutes. De toute façon, je ne suis plus du monde. Je ne suis plus Marie Auger, je vais reprendre mon vrai nom, Hébert, comme ma propre mère, comme je l'ai toujours voulu. J'ai toujours voulu être Anne Hébert. Ne pas avoir d'enfant et ne pas m'en vouloir. Être une écrivaine et écrire des poèmes. Je suis presqu'Anne, comme pour presqu'île, avec une langue de terre. Je salive déjà. Je vais recommencer ma vie et ça va être un roman-savon, lavé comme la vérité.

J'écris comme si j'écrivais des slogans publicitaires, pour rendre vendable mon désespoir de cause. J'écris en lettres carrées des choses attachantes. Je fais de belles allitérations pour une folle alitée. J'écris chaque phrase comme une chanson de Plamondon, et chaque paragraphe est léché comme un chaton qui vient au monde. C'est embryonnaire dans ma tête et ce n'est guère plus gros quand ça sort. C'est humain ce que j'écris, c'est fœtal, c'est petit et dégueulasse. Mais je voudrais écrire énorme, que ça placarde tout Montréal, tout Madrid, tout Tokyo. Je veux que ça soit clair, j'écris noir sur blanc, sur du papier blanc comme la peau d'un Blanc avec de l'encre noire comme le sang d'un mort. Je veux que ça soit écrit gros comme lorsqu'on monte un bateau. J'essaie d'écrire avec des mâts majuscules et des lettres jusqu'au ciel. Je voudrais écrire quelque chose de gigantesque, en trois mots et que ça prenne plus de place dans tous les quotidiens du monde que toutes les pages de toutes les littératures étrangères mises côte à côte.

Je veux écrire sur les panneaux publicitaires géants en bordure des autoroutes. Je veux vendre quelque chose d'impensable. Je me suis tellement vendue que je pourrais vendre n'importe quoi. Je veux faire du marketing. Je veux vendre l'invendable, quelque chose d'impossible, mais à la fois indispensable. Je veux vendre quelque chose sans quoi on ne peut vivre. Je veux vendre de l'eau ! Pas de l'eau comme dans marieauger. Je ne veux plus vendre ma partie centrale où ça coule. Je veux vendre de l'eau, de la vraie, de l'eau claire comme de l'eau de roche, de l'eau qui contient de la roche. Le genre d'eau avec laquelle on s'étouffe. De l'eau minérale. Je veux travailler chez Perrier. Écrire des choses du genre :

IL NE FAUT PAS VENDRE L'EAU DE SOURCE
AVANT DE L'AVOIR GOÛTÉE

Je voudrais écrire gros des énormités, des affreusités, des aphorismes commerciaux. Écrire en tout temps comme si c'était des slogans. Écrire pour vendre.

77

Je m'évade. Je me défile. Je me déguise en fille guérie. Je fous le camp de cet hôpital. Aujourd'hui, c'est le jour qui fait déborder le vase, c'est la date qui fait que ça pète, c'est le bon numéro pour crier bingo.

Je vais me trouver un bébé. Je le sais, j'ai ça dans le sang. Ça fait deux mille ans que je veux un enfant et aujourd'hui je vais l'avoir. Je veux un bébé coûte que coûte et je vais le payer plein prix. Je vais faire un vrai vol à l'étalage, je vais voler un bébé à même le ventre d'une femme enceinte. Je vais en ouvrir une comme on crochète un tiroir-caisse. Je prends les grands moyens. Mes grands moyens, ce sont de gros ciseaux et la première femme que je crois atteinte de vie, la première femme que je vois enceinte, je la suis. Mais je ne vois rien. Je suis l'amour parce que l'amour est aveugle. Je me promène dans les rues, mais rien. Je traverse les rues sans regarder. Je danse le tango avec les autos, mais c'est la mort qui a la main dans mon dos. Je marche à tâtons, en tapant du talon, en me cognant partout. Je m'en vais chez Cathy. J'y vais à l'œil. Je bouscule tout le monde, je titube comme une fille soûle. Je déboule la ville jusque chez elle. Je prends des taxis que je paie en adulte. Je refais les quatre coins de toutes les rues, chacun des trottoirs où j'ai rêvé d'être renversée. Je m'en vais chez Cathy et je fais des détours pour que ce soit loin, pour faire un vrai voyage, pour que j'arrive vraiment.

Quelle est la source de cette violence qui m'habite ? Je tue ceux que j'aime comme on blesse uniquement ceux qu'on aime. Quelle inversion de processus s'est produite pour que l'amour que j'ai toujours rêvé de donner à un enfant se manifeste par le désir de détruire tout ce que la vie anime ? C'est plus fort que moi. Je suis incapable de canaliser. J'ai un disjoncteur à l'intérieur, un dispositif de sécurité qui bloque le passage de toute vie. Je suis génétiquement prédestinée à ne jamais transmettre la vie. La théorie de la sélection naturelle s'applique parfaitement à mon cas. Darwin serait fier de moi. C'est la seule loi à laquelle j'obéis, mais son respect m'est imposé. Cette loi qui sauve l'espèce m'empêche d'avoir un bébé. Je suis condamnée de naissance. Si je donnais la vie, je perpétuerais une race meurtrière.

Cathy n'a même pas le temps d'esquisser au crayon de plomb le moindre sourire que déjà mes ciseaux lui signent un bail pour se loger en plein cœur de son centre-ville. Autrement dit, je la tue. Je la tue comme si c'était un crime passionnel. Comme si je l'aimais et que je lui faisais l'amour. Comme si c'était la seule façon pour deux femmes de faire un enfant, comme si notre seule relation sexuelle fertile possible consistait à planter mes ciseaux entre ses jambes. Je vais lui faire l'amour comme si je ne l'avais pas fait depuis des siècles. Je la déshabille en vitesse et je tâte à l'œil. Je trouve la zone à dézoner et je coupe à blanc. Je touche son clitoris et je me sers de lui comme s'il était le premier point d'un pointillé imaginaire parcourant son ventre plein sur toute sa longueur. Je vais suivre ce pointillé dans ma tête pour découper. Je prends les ciseaux et mon courage à deux mains, et je plante une pointe dans le vagin et l'autre à l'extérieur et je ferme d'un coup ! Deux coups ! Trois coups ! Ça ne marche pas : ça mâche ; ça ne coupe pas : ça broute. La chair est forte une fois qu'elle a été faible.

Mais ce n'est pas la peau, ce sont les os qui entravent et, au lieu de faire une entaille précise, ça fait des entrailles en charpie. Je lâche les ciseaux. Je prends la main de mon courage et je la fais traverser. Je ne sais pas si vous avez déjà essayé de déchirer de la peau avec vos mains, mais c'est du stock! Je lui fais une césarienne à la main comme une hystérique de l'hystérotomie. Je déchire, j'arrache. Je passe la main dans son ventre et je fouille comme dans une chambre d'enfant en désordre. Je retourne la chair comme des bas sales. Je m'accroche les doigts dans des tissus lacérés comme des jeans à la mode. C'est sens dessus dessous. J'ai la main dans un vrai ventre d'enfant avec des posters heavy métal partout. Je mets enfin la main sur lui. Il est à peine plus dur qu'une peine d'amour et pas plus mou qu'un pamplemousse. Il est gros comme ça. Je tire, lacère ses attaches, le sors, c'est dégueulasse, comme une vraie naissance. Je prends le fœtus comme vous dites, mais c'est un bébé. Un bébé avec un droit à la vie, un seul, mais plusieurs viscères vitaux. Je le prends dans mes bras, je le berce un peu, puis je lui valse un tour de chant. En dansant, je lui chante une berceuse, une sorte de stabat mater de circonstance qui a l'air d'un hymne national à mon hymen défoncé.

Mais est-ce seulement Cathy que j'ai tuée? Ce n'est peut-être même pas un fœtus que je tiens dans les mains. S'agit-il d'un viscère abominable extirpé maladroitement d'une innocente femme? Si seulement je pouvais fermer les yeux et les rouvrir pour que tout s'éclaire. Voir.

Mon bébé s'est endormi. Je vais le coucher. Je vais le mettre dans mon vagin, où c'est chaud et douillet. Je pousse mais pousse égal parce qu'il manque de corps, surtout celui de sa mère. Je pousse, je pousse comme si j'allais fleurir. Je crie comme si j'accouchais parce que mon bébé ne veut pas entrer dans mon ventre. Je hurle et je ne sais pas quoi faire. J'ai une baïonnette dans la tête, des épées dans les idées. Je veux me couper du monde. J'ai l'ouverture d'esprit fendue jusqu'aux oreilles. Je veux mourir, ça crève les yeux. J'ai des couteaux pointus comme des commissures crampées, mais je n'ose pas m'ouvrir le ventre comme un sourire pour y faire entrer mon bébé dans la joie. Je préfère me faire une petite thérapie. Je mets les doigts dans mon vagin, je me sers de ma main et demie pour l'agrandir comme d'une thérapeute pour me grandir, mais ce que je voudrais, c'est lui tailler une place dans ma vie à la lame de rasoir. Je m'écorche avec les ongles, les doigts pleins de bagues comme des dagues. Je m'arrache. Malgré que je sois tout échancrée, mon bébé ne passe pas. J'ai la réalité en face, mais c'est mon bas ventre qui est défiguré. J'ai des aiguilles en tête et il faut que je m'ouvre les yeux, j'ai des scalpels en fête et je vais m'ouvrir les veines. Je meurs si je ne lui donne pas la vie. Je veux enfiler mon bébé. Mon vagin, c'est le chas d'une aiguille et aucun enfant n'y passera jamais. Je veux enfiler ma petite marionnette à ficelles sur une aiguille imaginaire pour recoudre mon cœur artificiel. Je fixe son petit corps sur une baïonnette que je me plante entre les jambes et je pousse pour qu'elle me défonce l'utérus et le reste. Je l'enfonce, je m'en traverse et lorsque l'extrémité pénètre la cavité vitale, y logeant mon enfant, je plonge une épée dans ma poitrine, faisant de nos deux cœurs un gros nœud.

C'est le ventre ouvert et le cœur serré que le vide s'est pleinement fait sentir. J'ai réalisé que je n'allais jamais avoir d'enfant, que j'ai fait l'amour toute ma vie pour rien. Jamais je n'aurai la vie en moi. Le grand vide intérieur s'est manifesté d'un coup. Une implosion. Un avortement inversé. Toute la mort du monde aspirée par mon ventre.

Table

Cet ouvrage
composé en Palatino corps 12 sur 16
a été achevé d'imprimer
le neuf mai mil neuf cent quatre-vingt-seize
sur les presses de

«L'IMPRIMEUR»

Cap-Saint-Ignace (Québec).